好きな模様でかぎ針編み

crochet PATTERN & work

能勢マユミ

はじまりは、好きな糸 ——
編んでいくうちに、さまざまなものに姿を変える
それが面白くてつい夢中になります。

繰り返しの模様で
もっとたのしく

本書で編むのは、さまざまな模様の作品です。
これらは**同じブロック、編み方の繰り返し**でできます。
一度覚えると繰り返しだから、会話をしながら
テレビを見ながらと"ながら作業"で気ままに編むことができます。
また、繰り返しの回数でサイズを大きくも小さくもできます。

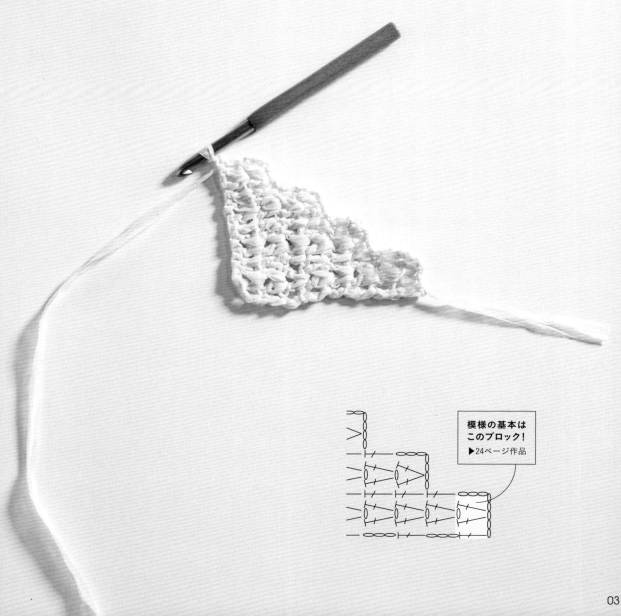

模様の基本は
このブロック！
▶24ページ作品

「パターンの話」

繰り返して編む模様で編み地はもっと魅力的に。
色や糸を替えて、いろいろ編んでみたくなります。

Pattern 10 ダイヤ模様は
ひし形のブロックが連な
り、リズミカルな表情に。

写真は、本書で使用した繰り返しで編める
模様の一例です。単位となるブロックを覚
えれば、それを繰り返して編んでいきます。
１目ずつ数えるのではなく、模様というひ
と目で分かる単位で編み進めることができ
るため、編み図をつねに確認する必要はあ
りません。あなたのお気に入りの模様を見
つけたら、その模様で写真のようなサコッ
シュなどの小物を作ったり、別の糸に替え
てアレンジしてみましょう。

How to p.46〜51

「糸選びの話」

作品の魅力は、使う糸によって大きく変わります。
糸選びはそれほど大事で、作品作りの醍醐味です。

Step 01

仕上がりをイメージする

秋冬の巻き物だったら、「あたたかくて軽い」。
バッグであれば、「持ち運びできて形崩れしない」など、
まずは、何をどんな風に使いたいかイメージしましょう。

Step 02

糸のプロフィールを知る

イメージに合う糸を見つけるには、
発色など気になった糸を触って感触を確かめたら次に、
ラベルを見ます。目や手で得た印象の「答え合わせ」ができ、
気づかなかった情報もわかります。

素 材

動植物が素材の天然と石油など
が原料の化繊、それらの混紡の
糸もあります。天然は風合いや
保温性・保湿性、化繊は発色や
耐久性など長所がありますが、
お好みで選びましょう。

扱い方

左から、洗濯、アイロン、クリ
ーニングの種類についての表示
です。汚れやすいものは洗える
かどうかをチェックするなど、
用途を踏まえ確認しましょう。

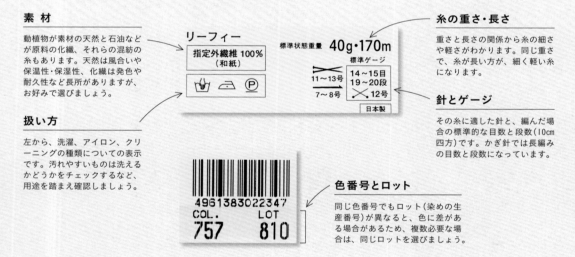

リーフィー

指定外繊維 100%
（和紙）

標準状態重量 **40g・170m**

標準ゲージ

11～13号 ｜ 14～15目 19～20段

7～8号 ｜ 12号

日本製

4961383022347
COL. LOT
757 810

糸の重さ・長さ

重さと長さの関係から糸の細さ
や軽さがわかります。同じ重さ
で、糸が長い方が、細く軽い糸
になります。

針とゲージ

その糸に適した針と、編んだ場
合の標準的な目数と段数（10cm
四方）です。かぎ針では長編み
の目数と段数になっています。

色番号とロット

同じ色番号でもロット（染めの生
産番号）が異なると、色に差があ
る場合があるため、複数必要な場
合は、同じロットを選びましょう。

Step 03

糸を選ぶ

ラベルで得た情報を元に、例えばStep 01の巻き物であれば、
カシミヤやアルパカ、ウール素材で、グラム数に対し
糸が長いものを選びます（本書の作品で使用した糸のポイントは右ページ）。
編む前には、10cm四方で試し編みし、その編み地の重さと
残った糸の重さを測ると、必要な玉数もわかります。

作品に使用した糸

A.～C./itoito

D.～J./DARUMA

K.～O./パピー

A. **rhine** （ライン）
モヘア66%・シルク30g・ウール4%　25g玉巻・約210m
軽くてあたたかい上、起毛で目が適度に詰まる。
p.13

B. **skógafoss** （スコウガフォス）
ナイロン100%　30g玉巻・約145m
やわらかい糸のため、2本取りで使用。
p.17, 18

C. **POMPIDOU Ⅰ** （ポンピドゥーワン）
アクリル42%・綿35%・ポリエステル23%　100gカセ巻・約140m
芯のある糸のため立体模様がきれいに出る。
p.15

D. **Placord 3ply**
ポリエチレン100%　40g玉巻・約135m
硬い糸のため、くさり編みもしっかり仕上がる。
p.21

E. **SASAWASHI**
分類外繊維（ささ和紙）100%　25gカセ巻・約48m
張りがあり形崩れしない。風合いも魅力。
p.31

F. **GIMA**
綿70%・リネン30%　30g玉巻・約46m
適度に張りがあり、幅広でさくさくと編める。
p.21

G. **TUBE**
ナイロン100%　40g玉巻・約37m
糸に個性がありシンプルな編み地も華やかに。
p.20

H. **スーパーウオッシュメリノ**
ウール100%　50g玉巻・約145m
防縮加工と洗えるのが魅力。
p.37

I. **原毛に近いメリノウール**
メリノウール100%　30g玉巻・約91m
あたたかく、ふわっと仕上がる。
p.27

J. **ギーク**
ウール56%・ポリエステル30%・アルパカ14%　30g玉巻・約70m
芯と繊維の色の違いでニュアンスが出る。
p.26

K. **ピマベーシック**
綿100%　40g玉巻・135m
張りがあり模様がより立体的になる。
p.14, 32

L. **リーフィー**
和紙100%　40gカセ巻・170m
適度にやわらかく張りも出る。
p.33

M. **ブリティッシュファイン**
ウール100%　25g玉巻・116m
発色のよさとストレートヤーンで模様編み向き。
p.42

N. **フォルトゥーナ**
カシミヤ100%　25g玉巻・106m
あたたかいストレートヤーン。模様の輪郭が出やすい。
p.40

O. **スラブエロイカ**
ウール100%　100g玉巻・82m
スラブ糸でシンプルな編み地にニュアンスが加わる。
p.38

Advice

サイズ通りに
ならない

人によって手加減が違うため、指定のサイズにならない場合があります。大きくなる場合は、1～2号小さな針を、小さくなる場合はその逆にしましょう。

糸が
手に入らない

目当ての糸が在庫切れや廃盤という場合は、似た糸を選びましょう。ラベルから素材、糸の重さ・長さが近いものを選びます。

自分好みの
太さ・色にしたい

糸同士を引き揃えると糸の色、硬さなどがある程度調整できます。好みの太さにしたり、色を混ぜたり（19ページ）、異素材をミックスしてもよいでしょう。

すきま時間に編み物を。
ときにはトランクに詰めて
旅へと出かけましょう。

Introduction

私は素材そのものに魅力を感じるテクスチャフェチです。
特に糸は針の号数や編み方を変えるだけで全く違う表情を見せてくれる面白さがあり
「素材を楽しむかぎ針編みのこもの」というレッスンをしています。

レッスン作品を考える時は季節やアイテムに応じた主役の糸選びから。
長続きのコツはできるだけ簡単にすること。
複雑なテクニックは挫折に繋がりやすいため
レッスン時間内になるべく完結できるような工程に。
編んで楽しく飽きずに進められる模様、
とじはぎは最小限、副資材を使わず糸だけで仕上げるなどの工夫をしています。

「編んだものを自分で使える」「お友達にほめられた」「もうひとつ作りたくなる」
などのお声がうれしくてレッスンを続けているうちに
どんどんバリエーションが増えていきました。

この本で紹介しているのはものぐさな私のレッスンアーカイブを
選りすぐりの素材でアップデートした作品たちです。
休日のお籠もりや旅のお供など、自分時間にかぎ針編みはいかがですか。

──────── 能勢マユミ

Staff

撮影／山口 明
モデル／岩﨑癒音
ブックデザイン／吉井茂活 (MOKA STORE)
作り方イラスト／三島恵子
印刷／図書印刷株式会社

Contents

Spring／Summer

Pattern 01
さざなみ模様

くさり編みのスカラップが織り成す模
様。細めの糸で編むとくさりの1目1
目が際立って、水の泡や透かし模様の
ような繊細な表情を生み出します。

^{Pattern} 01 さざなみ模様

ストール How to p.52

ふんわりとしたシルクモヘヤ糸で編んだのは、レースのように透けるさざなみ模様。
編み進めるごとに、美しい模様が現れます。仕上げに片端にスカラップの縁飾りを。

Spring/Summer

Pattern 02 ラージバブル模様

ハンドバッグ How to p.54

パフコーン編みより
さらに立体的になるバブル模様。
立体的でボリューミーな編み地は
それだけで華やぎがあります。

.03. 立体パイナップル模様

ギャザーバッグ How to p.56

レース編みの定番、パイナップル模様をイメージした立体模様。
無地のナチュラルカラーのコットン糸で編んでも
カジュアルになり過ぎず、上品なニュアンスが加わります。

Spring／Summer

グラデーション

糸から選んでつくるかぎ針編みでは
色をデザインすることもできます。

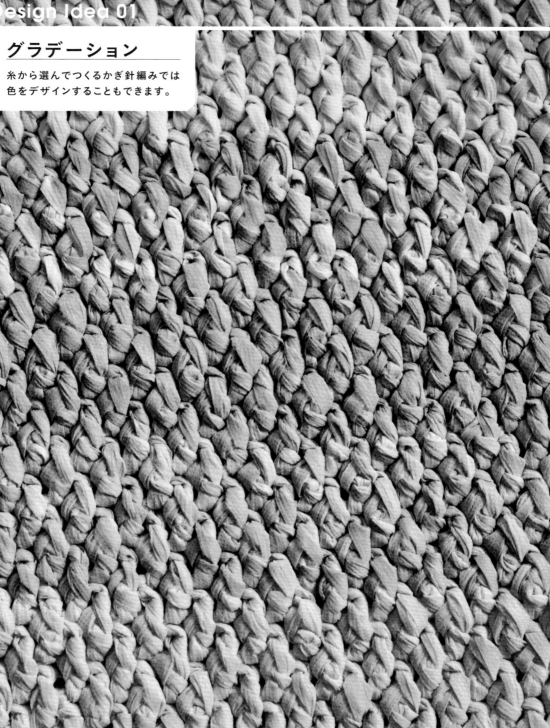

_{Pattern} 04 リップル模様

フリンジバッグ（縦長） How to p.58

サーモンピンクから白へと色を変化させ、オリジナルの色合いをデザイン。
サイドにはフリンジをつけて、装飾的に仕上げました。

_{Pattern} 04 リップル模様

フリンジバッグ（横長）　How to p.60

糸同士の組み合わせでできる自分だけの
グラデーションカラーは無限大。
紫系とグレー系を使った配色は
ややシックな印象に。

Pattern 04
リップル模様

引き上げ編みによって各段がジグザグになっているため、色同士が混ざりやすくなります。

自分好みの
グラデーションカラー
をつくる

ピンク系のグラデーション…17ページ作品

⑤白／白

④白／ベージュ

③ベージュ／ベージュ

②ベージュ／サーモンピンク

①サーモンピンク／サーモンピンク

各ブロックを糸を2本取りにして編み、①のサーモンピンクから、⑤の白に向かって5段階で3色の糸を組み合わせています。②と④のブロックで2色を混ぜることで、色が混ざりやすくなっています。

紫系のグラデーション…18ページ作品

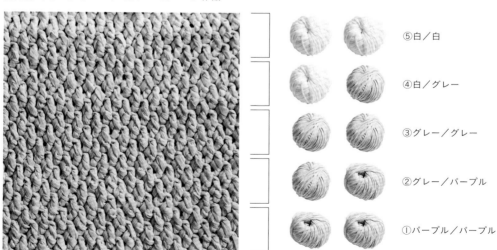

⑤白／白

④白／グレー

③グレー／グレー

②グレー／パープル

①パープル／パープル

上のピンク系と同様にして3色を5ブロックに分けて組み合わせています。3色は濃い色から淡い色に変化するように選ぶとまとまりやすくなります。また、白やグレーといった無彩色はどんな色にも合わせやすい色です。

シードステッチ模様

ドロップバッグ　How to p.62

シードステッチ（よね編み）で適度に張りをもたせて
きれいな形をキープしたしずく形のワンハンドルバッグ。
ナイロン糸の軽やかな発色はファッションの差し色になります。

Spring/Summer

.Pattern. .06. リブ×ネット模様

バスケット How to p.64

うねのように段差のある模様はそれだけでおしゃれ。
上部にはくさりのネットをつけて、夏らしい透け感を加えました。

張りのあるプラスチック
コードもくさり編みだと、
楽にすいすいと編めます。

三角ストール

かぎ針編みの定番、憧れの三角ストールは
「どこから編むか」でスムーズさが変わります。

^{Pattern} 07 V字のステップ模様

春夏の変形三角ストール　How to p.66

春夏はリネンやシルクの糸で編んだストールを。三角の端をカットした形は
より長く編め、ぐるぐると巻いたり、ボレロのように羽織れます。

ステップ状の縁は、まるで
フリルのよう。ステップ状
のブロックによって自然と
装飾的に仕上がります。

^{Pattern} 08 グリッド×ネット模様

秋冬の三角ストール　How to p.68

ネット編みを取り入れた模様は、さくさくと編めるので三角ストールでも
それほど時間をかけずに編むことができます。仕上げに縁編みで差し色を加えて。

エンボスハートの ステップ模様

秋冬の三角ストール How to p.70

07のブロックの編み方を
ハート模様に変えたデザイン。
立体的な模様は、色の明暗によって
浮かび上がり方が違って見え、
それも糸選びのおもしろさです。

Design Idea 02

三角ストールを
スムーズに編む工夫

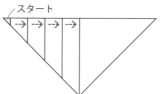

スタート

09 エンボスハートのステップ模様。左端から中心に向かって編むため、段ごとに目数が増えるものの、逆に後半は目数が減ってスピードアップします。階段状のブロックは、目数を数えず、前段よりブロックを1個分増減すればよくサイズ調整が簡単。

左端から好みの長さになるまで編み、そこを中心にして残り半分を編む。

Design Idea 02

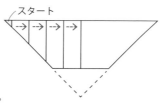

スタート

07 V字のステップ模様で上と同様に編んだストール。ともに階段状のブロックで縁が自然とフリル状になります。三角部分を無くした分、横長になります。

左端から編み始め、中心付近では同じ目数で編み、三角の角を編まない。

配色アレンジ

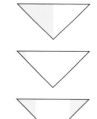

左端から編む場合、上のように配色を替えられます。左右でアシンメトリーにするのもよいでしょう。

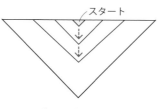

スタート

08 グリッド×ネット模様。中心から編みますが、上と同様に自由にサイズ調整ができます。編むにつれて目数が増えていきますが、ネット編みを取り入れているので、目が拾いやすく、比較的スピーディに編めます。

中心から毎段大きくしていき、好みの大きさになるまで編む。

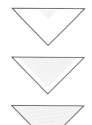

中心から編む場合、三角形の形と相似形で配色が変えられます。面積の少ない方に差し色を使いましょう。

夏は綿やシルク糸で編み、通年使うように。
素材によって表情が変わるのがたのしい。

"挫折しない"
三角ストールができるまで

三角ストールは一度は編んでみたい
憧れの作品のひとつだと思いますが、
サイズが大きい分、途中で挫折した
り、ためらう方もいるのではないで
しょうか。そのため、編み進むにつ
れて目数が逆に減っていくような編
み方や、目数を1個1個数える手間を
省ける方法はないかと考えてつくっ
たのが、これらの作品です。特に、
階段状に編む三角ストールは、目の
増減を数えなくてもよく、自然と縁
がフリルになるので、誰にでもおす
すめできます。今では三角ストール
は私の定番になり、何枚も編んでい
ます。編む度に新しい配色や魅力が
見つかるお気に入りのアイテムです。

Autumn/
Winter

Pattern 10
ダイヤ模様

長編みと引き上げ編みによって生まれるダイヤ模様は、斜め格子のラインによって、シックな雰囲気に。端正な模様がつながっていく面白さがあり、一度編めば、テンポよく編み進められます。

_{Pattern} 10. ダイヤ模様

2way台形バッグ　How to p.72

持ち手を1本にすれば肩に掛けられ（左ページ）、2本にすれば手提げになる（上）2wayバッグ。
張りのある糸で編むとカチッとしたシルエットに仕上がります。

^{Pattern}11 麦の穂模様

トートバッグ　How to p.74

風になびく穂のようなふっくらとした三角形の模様が連なってやさしい表情に。
前段を束に拾って編むため、楽に編み進められます。

装飾も兼ねて、持ち手は糸や模様
を変えて。模様の上に模様を重ね
たデザインで、モノトーンのバッ
グに上品な華やぎが加わります。

持ち手

バッグの仕上げを左右するのが持ち手。
これによりデザイン性や利便性がアップします。

≫ ひも状／筒状

細

シンプルなくさり編みの持ち手。丈夫な化繊糸であれば、くさり編みだけの繊細な持ち手ができます。21ページ作品

≫ テープ状

中細

くさり編み1本だと頼りない場合は、往復して太さの調整を。3本くさりの持ち手だとしっかりと仕上がります。14ページ作品

並太

往復に編んでテープ状に。編み目の斜行によって、自然と端が丸まるので持ちやすくなります。15ページ作品

太

やわらかい糸や伸びやすい糸は、筒に編んでしっかりと。長編みだけだと伸びやすいため、引き上げ編みをメインに筒に編んでいます。18ページ作品

幅広

大きめのバッグは、持ち手もしっかりとした幅広サイズを合わせて。装飾的な模様で編むと、飾りにもなります。32ページ作品

金具を使わずに
長さ調整を自在に

結び目

持ち手は一旦仕上げた後は長さを変えられないため、作る前に自分好みの長さで作ることが大事です。しかし、用途に合わせて持ち手の長さを変えたい場合、あらかじめ長さ調整できる仕立てにすると便利です。

輪にする

持ち手の片方をループに結びつけているため、結び目の位置で自由に長さを変えられる。04ページ作品

前後に通した持ち手の両端を結んで輪に。前後で引き出せば短く、片側だけだと長くなる。31ページ作品

一度は編んでみたいけれど、
難易度が高いソックス。伸
縮性のある編み地だから、
増減なしで編めます。

.12. スパイラル模様
Pattern

ソックス How to p.76

はき口から一気に編めるスパイラル模様のソックスは、
はじめての人でも簡単に編めるのでおすすめ。
冬の足元を手編みのアイテムであたたかに。

Autumn / Winter

^{Pattern} 13 ワイドリブ模様

猫耳キャップ How to p.78

スキーウエアっぽくならない猫耳帽子は、大人の女性もかぶれるニット帽。
減らし目要らずで一定の目数で編むので、"ながら編み"にもぴったりです。

^{Pattern}
14 リーフ模様

カシミヤマフラー　How to p.80

とっておきの上質なカシミヤの糸で特別な1枚を。
リーフ模様が連なるパターンを生かせば、裾もスカラップに仕上がります。

長編みでオーバル形
をデザインした模様
は、ひとつひとつが
愛らしい。長さも幅
も模様の数で好みの
サイズにできます。

Pattern 15 モザイクスクエア模様

ハンドウォーマー（ショート）　How to p.82

2玉でできる、まるで編み込み模様のような
モザイク編みのウォーマー。
編みくるまずに下の段を拾って編み目を重ねるだけででき、
下の段を拾わないとボーダー模様（左作品）になります。

Pattern 15 モザイクスクエア模様

ハンドウォーマー（ロング）　How to p.84

モザイク編みに慣れてきたら、マルチカラーにもトライを。
5色で編んだロング丈は、
手首まですっぽりと覆う長さに仕上がります。

モザイクスクエア模様の編み方

42ページの模様を例に、モザイク編みで編む
スクエア模様の基本的な編み方を説明します。

1～3段め

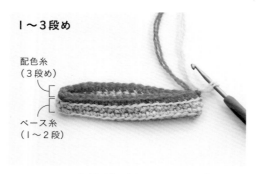

配色糸
（3段め）

ベース糸
（1～2段）

1 ベース糸（水色）で細編みを2段編み（模様の始まりとなる2段めはすじ編み）、次の段は配色糸（赤）に替えてすじ編みを編む。

4段め

模様は
すじ編み　模様以外は
長編み

2 再びベース糸に替え、スクエア模様を細編みのすじ編み、それ以外を2段下の目の手前半目を拾って長編みで編む。

5段め

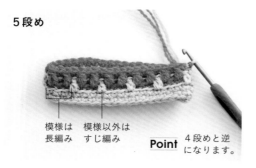

模様は
長編み　模様以外は
すじ編み

Point 4段めと逆になります。

3 配色糸に替え、スクエア模様を2段下の目の手前半目を拾って長編み、それ以外を細編みのすじ編みで編む。

6段め

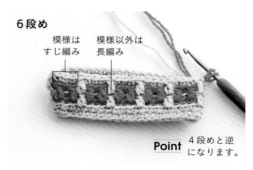

模様は
すじ編み　模様以外は
長編み

Point 4段めと逆になります。

4 ベース糸に替え、スクエア模様をこま編みのすじ編み、それ以外を2段下の目の手前半目を拾って長編みで編む。1模様の完成。

ベース糸（ピンク）
配色糸（グレー）

ベース糸（グレー）
配色糸（ピンク）

Advice

ベース糸と配色糸の役割は、逆にすることもできます。42ページの作品では、上側の模様は、ベース糸のグレーを配色糸に、配色糸のピンクをベース糸にしています。

How to
crochet PATTERN & work

作品の編み方

● 各作品の作り方については、以下のページの編み図と説明をご覧ください。

● 材料の糸は編む加減で使用量が変わることがあります。

● 作品のサイズを大きく、あるいは小さく変更してアレンジしたい場合は、
　模様の1模様単位で調整しましょう。

● かぎ針編みの基本の編み方とテクニックについては、87〜91ページにあります。

編み方〈共通〉

1 くさり編み20目の作り目をして編み始める。

2 各模様（各ページで説明）で必要段数編む。

3 縁を細編み1段、細編みのすじ編み1段編み、最終段は細編みの
   すじ編みを1段編むが、途中くさり編み5目のループを編む。

4 3から続けてくさり200目のひもを編む。

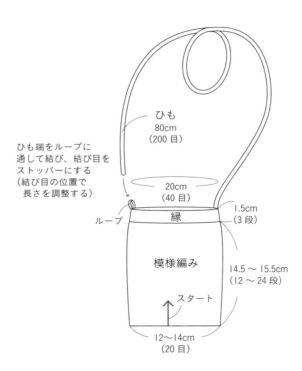

ひも
80cm
（200目）

ひも端をループに
通して結び、結び目を
ストッパーにする
（結び目の位置で
長さを調整する）

20cm
（40目）

ループ　　縁

1.5cm
（3段）

模様編み

14.5〜15.5cm
（12〜24段）

スタート

12〜14cm
（20目）

糸　itoito skógafoss（30g玉巻）　オフホワイト（1）…39g

針　かぎ針7/0号、とじ針

サイズ　13.5×17cm

編み方〈1〜15段模様編み部分〉

1　1段めはくさり3目で立ち上がり、長編み39目編む（作り目のくさり半目を
　拾い、反対側は残りの半目と裏山を拾い、最後は立ち上がりのくさり3目
　めに引き抜き底部分を袋状にする）。

2　2段めはくさり3目で立ち上がり、「長編み表引き上げ編み2目一度、長編
　み2目編み入れる」を13回繰り返し、立ち上がりのくさり3目めに引き抜く。

3　3段めは2段めと逆に「長編み2目編み入れる、長編みの表引き上げ編み
　2目一度」で編み、以降は2〜3段と同様に15段めまで編む。

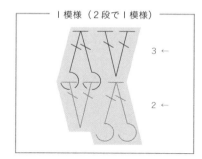

1模様（2段で1模様）

3 ←
2 ←

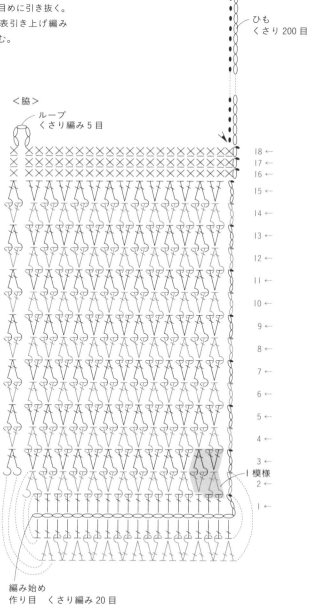

ひも
くさり200目

＜脇＞
ループ
くさり編み5目

18 ←
17 ←
16 ←
15
14 ←
13
12 ←
11
10 ←
9
8 ←
7
6 ←
5
4 ←
3 ←　1模様
2 ←
1

編み始め
作り目　くさり編み20目

◯　くさり編み

●　引き抜き編み

✕　細編み

⊠　細編みのすじ編み

┰　長編み

Ⅴ　長編み2目編み入れる

Ⅰ　長編みの表引き上げ編み2目一度

✗　糸を切る

47

| [•] Pattern [•] .12. スパイラル模様

糸　itoito skógafoss（30g玉巻）　オフホワイト（1）…38g

針　かぎ針7/0号、とじ針

サイズ　11.5×16cm

編み方〈1～17段模様編み部分〉
1　1段めはくさり3目で立ち上がり、長編み39目編む（作り目のくさり半目を拾い、反対
　　側は残りの半目と裏山を拾い、最後は立ち上がりのくさり3目めに引き抜き底部分
　　を袋状にする）。
2　2段めはくさり3目で立ち上がり、「長編みの表引き上げ編み2目、長編みの裏引き
　　上げ編み1目」を13回繰り返し、立ち上がりのくさり3目めに引き抜く。
3　3段め以降は1段ごとに1目ずつずらしながら2段めと同様にして、17段めまで編む。

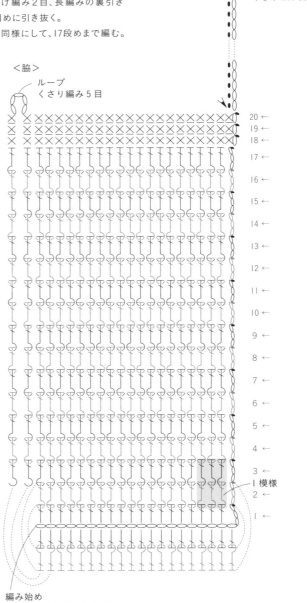

ひも
くさり200目

＜脇＞
ループ
くさり編み5目

20 ←
19 ←
18 ←
17
16
15
14 ←
13 ←
12 ←
11
10 ←
9
8 ←
7
6 ←
5 ←
4 ←
3 ←
2 ←
1 ←

1模様

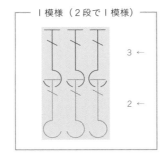

1模様（2段で1模様）
3 ←
2 ←

◯　くさり編み

●　引き抜き編み

×　細編み

×　細編みのすじ編み

ʃ　長編みの表引き上げ編み

ʃ　長編みの裏引き上げ編み

✄　糸を切る

編み始め
作り目　くさり編み20目

.Pattern.
.11. 麦の穂模様

糸　itoito skógafoss（30g玉巻）　オフホワイト（1）…44g

針　かぎ針7/0号、とじ針

サイズ　14×16cm

編み方〈1～24段模様編み部分〉

1　1段めは細編み40目編む（作り目のくさり半目を拾い、反対側は残りの半目と裏山
　を拾い、最後は1目めに引き抜き底部分を袋状にする）。

2　2段めはくさり1目で立ち上がり、「細編み1目、長編み1目、くさり編み1目」を編
　む。1目とばして19回繰り返し、1目めの細編みに引き抜く。

3　3段めはくさり1目で立ち上がり、「くさり編み1目、前段のくさりを束に拾って細
　編み1目、長編み1目」を20回繰り返し、立ち上がりのくさりに引き抜く。

4　4段めはくさり1目で立ち上がり、前段の
　くさりを束に拾って2段めと同様に編む。

5　5～24段めまで同様に編む。

	くさり編み
	引き抜き編み
×	細編み
×	細編みのすじ編み
┬	長編み
✂	糸を切る

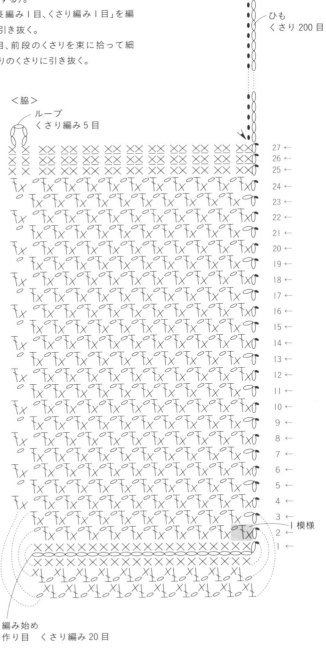

ひも
くさり 200目

〈脇〉
ループ
くさり編み5目

27 ←
26
25 ←
24 ←
23 ←
22 ←
21 ←
20 ←
19 ←
18 ←
17 ←
16 ←
15 ←
14 ←
13 ←
12 ←
11 ←
10 ←
9 ←
8 ←
7 ←
6 ←
5 ←
4 ←
3 ← 1模様
2
1

編み始め
作り目　くさり編み20目

糸　itoito skógafoss（30g玉巻）　オフホワイト（1）…33g

針　かぎ針7/0号、とじ針

サイズ　11.5×16.5cm

編み方〈1〜12段模様編み部分〉

1　1段めはくさり3目で立ち上がり、長編み39目編む（作り目のくさり半目を拾い、反対側は残りの半目と裏山を拾い、最後は立ち上がりのくさり3目めに引き抜き底部分を袋状にする）。

2　2段めはくさり3目で立ち上がり、1目とばして「中長編み3目の変わり玉編み2目編み入れる（間にくさり1目）」を編む。1目とばして立ち上がりのくさり3目を長編み1目に変えて同様に9回繰り返し、立ち上がりのくさり3目めに引き抜く。

3　3段めはくさり3目で立ち上がり、前段のくさりを束に拾って長編み2目編み入れる（間にくさり1目）を編む。立ち上がりのくさり3目を長編み1目に変えて同様に9回繰り返し、立ち上がりのくさり3目めに引き抜く。

4　4〜12段めまで同様に編む。

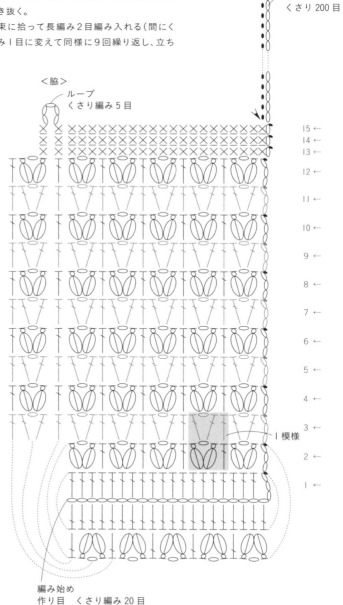

ひも
くさり200目

＜脇＞
ループ
くさり編み5目

1模様

15 ←
14 ←
13 ←
12 ←
11 ←
10 ←
9 ←
8 ←
7 ←
6 ←
5 ←
4 ←
3 ←
2 ←
1 ←

編み始め
作り目　くさり編み20目

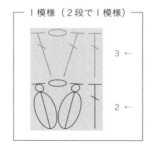

1模様（2段で1模様）

3 ←
2 ←

◯　くさり編み

●　引き抜き編み

×　細編み

✕　細編みのすじ編み

†　長編み

Ⅴ　長編み2目編み入れる
　　（間にくさり1目）

中長編み3目の変わり玉編み
2目編み入れる
（間にくさり1目）

✘　糸を切る

糸　itoito skógafoss（30g玉巻）　オフホワイト（1）…49g

針　かぎ針7/0号、とじ針

サイズ　12×16cm

編み方〈1～19段模様編み部分〉

1　1段めは細編み40目編む（作り目のくさり半目を拾い、反対側は残りの半目と裏山を拾い、最後は1目めに引き抜き底部分を袋状にする）。

2　2段めはくさり1目で立ち上がり、「細編み1目、1目とばして長編み5目編み入れる」を1目とばして10回繰り返し、1目めの細編みに引き抜く。

3　3段めはくさり1目で立ち上がり、「細編み1目、長編みの表引き上げ編み5目一度、くさり編み1目」を10回繰り返し、1目めの細編みに引き抜く。

4　4段めはくさり3目で立ち上がり、長編み2目編み入れたら、2段めと同様に編み図の通り編み、最後は編み始めと同じ目に長編み2目を編み入れ、立ち上がりのくさり3目めに引き抜く。

5　5段めはくさり2目で立ち上がり、長編みの表引き上げ編み2目一度を編み、3段めと同様に編み図の通り編む。最後は長編みの表引き上げ編み2目一度を編み、立ち上がりのくさり2目めに引き抜く。

6　6～19段めまで同様に編む。

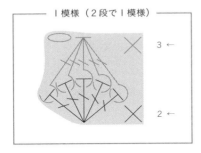

1模様（2段で1模様）

3 ←
2 ←

○　くさり編み

●　引き抜き編み

×　細編み

〉〈　細編み2目編み入れる

╳　細編みのすじ編み

Ⅴ･Ⅴ　長編み2目・5目編み入れる

Ⅴ･Ⅴ　長編みの表引き上げ編み2目・5目一度

✂　糸を切る

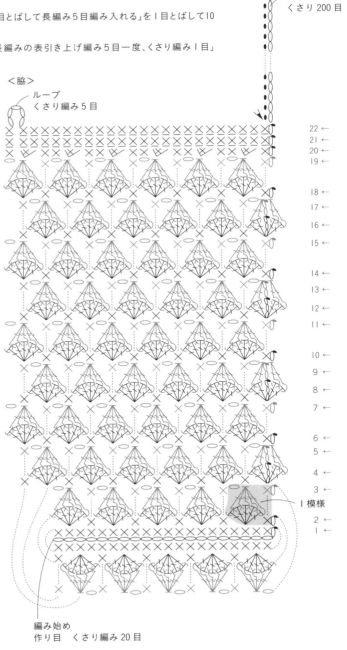

ひも
くさり200目

＜脇＞
ループ
くさり編み5目

22 ←
21 ←
20 ←
19 ←
18 ←
17 ←
16 ←
15 ←
14 ←
13 ←
12 ←
11 ←
10 ←
9 ←
8 ←
7 ←
6 ←
5 ←
4 ←
3 ←
2 ←
1 ←

1模様

編み始め
作り目　くさり編み20目

糸　itoito rhine（25g玉巻）yellow（24）…35g

針　かぎ針7/0号、とじ針

サイズ　20×145cm

編み方

1　ゆるめのくさり編み46目の作り目をして、1段めはくさ
　りの裏山を拾い、「細編み1目、くさり編み5目」をくさり
　4目とばして9回繰り返し、最後に細編み1目を編む。

2　2段めからは往復編みで編み図の通り模様を編む。
　細編みはすべて前段のくさりを束に拾って編む。

3　3、4、5段めも2段めと同様に編み図の通り編む。6
　段め以降は2〜5段めを繰り返し149段めまで編む。

4　編み終わりから続けて、偶数段の立ち上がりのくさり
　を束に拾いフリルを編む。

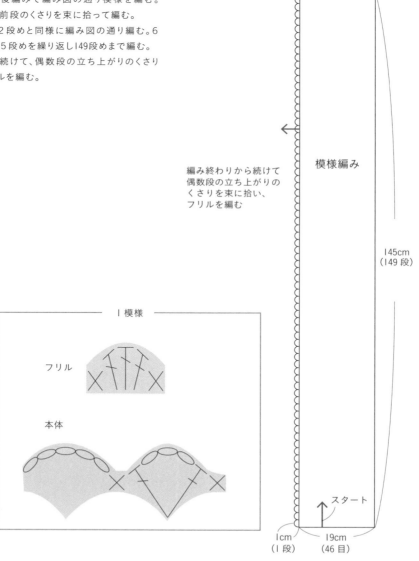

編み終わりから続けて
偶数段の立ち上がりの
くさりを束に拾い、
フリルを編む

模様編み

145cm
（149段）

1模様

フリル

本体

スタート

1cm
（1段）

19cm
（46目）

編み終わりから続けて偶数段の立ち上がりの
くさりを束に拾い、フリルを編む

I模様

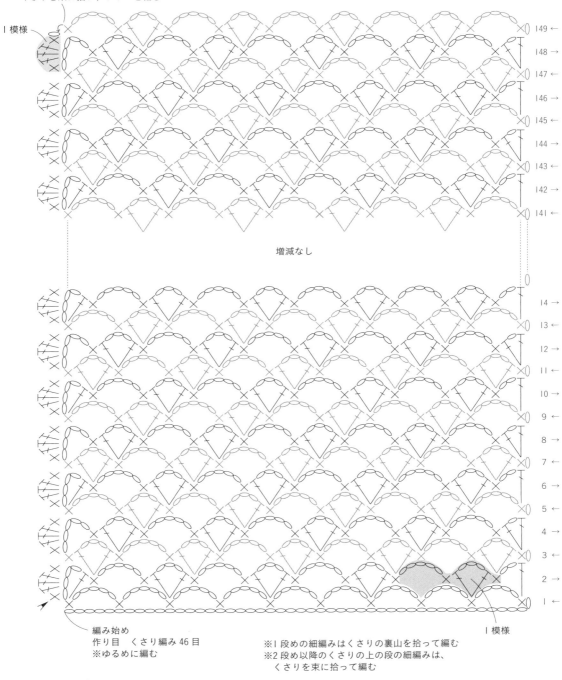

149 ←
148 →
147 ←
146 →
145 ←
144 →
143 ←
142 →
141 ←

増減なし

14 →
13 ←
12 →
11 ←
10 →
9 ←
8 →
7 ←
6 →
5 ←
4 →
3 ←
2 →
1 ←

編み始め
作り目　くさり編み 46 目
※ゆるめに編む

I模様

※1 段めの細編みはくさりの裏山を拾って編む
※2 段め以降のくさりの上の段の細編みは、
　くさりを束に拾って編む

◯ くさり編み

╳ 細編み

┼ 長編み

⟨ 長編み 2 目編み入れる（間にくさり 3 目）

⤡ 糸を切る

53

Pattern 02 ラージバブル模様
ハンドバッグ

糸　パピー ピマベーシック
　　（40g玉巻）
　　薄グリーン（602）…171g

針　かぎ針10/0号・8/0号、
　　とじ針

サイズ　26×19cm

編み方
1　〈本体〉10/0号、2本取りでくさり編み44目の作り目をして編み始める。1段めは作り目のくさり半目を拾い、反対側は残りの半目と裏山を拾い細編みを88目編み、最後は1目めに引き抜き底部分を袋状にする。
2　2～19段めの模様編みは51ページと同様に編む。
3　20段めは4段めの「長編み4目編み入れる」に、21段めは5段めの「長編みの表引き上げ編み」を4目一度に変えて、それぞれ同様に編む。
4　〈縁〉22段めを細編みで67目編み、糸を切る。
5　〈ループ〉両脇2目ずつあけて、8/0号で糸をつけ、くさり編み8目のループを前後28本ずつ編む。
6　〈持ち手〉8/0号、2本取りで90目のくさりで2本編み、ループにそれぞれ通した後、端同士を針で交互にすくってつなぐ。

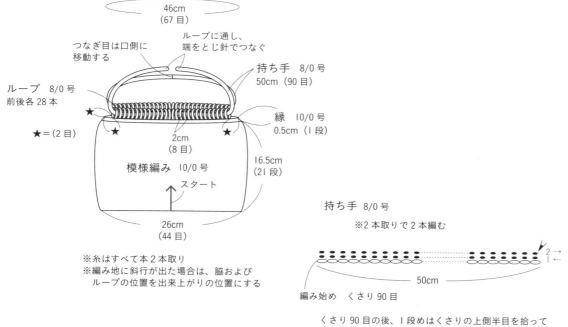

46cm
（67目）

つなぎ目は口側に移動する

ループに通し、端をとじ針でつなぐ

持ち手　8/0号
50cm（90目）

ループ　8/0号
前後各28本

★＝（2目）

縁　10/0号
0.5cm（1段）

2cm
（8目）

16.5cm
（21段）

模様編み　10/0号
スタート

26cm
（44目）

※糸はすべて本2本取り
※編み地に斜行が出た場合は、脇およびループの位置を出来上がりの位置にする

持ち手　8/0号
※2本取りで2本編む

2 →
1 ←

50cm

編み始め　くさり90目

くさり90目の後、1段めはくさりの上側半目を拾って引き抜き編みし、2段めは1段めの裏山を拾って引き抜き編みする

本体・縁 10/0号　　　　　　　ループ　8/0号　　　　　　　※編み地に斜行が出た場合は、脇および
　　　　　　　　　　　　　　　　　28本　　　　　　　　　　　ループの位置を適宜調整する

くさり編み8目

脇4目
あける

23 ←
22 ← (67目)
21
20 ←
19 ←
18 ←
17 ←
16 ←
15 ←
14 ←
13 ←
12 ←
11 ←
10 ←
9 ←
8 ←
7 ←
6 ←
5 ←
4 ←
3 ← ——— 1模様
2 ←
1 ← (88目)

編み始め
作り目　くさり編み44目

⬭	くさり編み
⬮	引き抜き編み
┬	長編み
V・W・扇	長編み2目・4目・5目編み入れる
∫	長編みの表引き上げ編み
人・森・森	長編みの表引き上げ編み 2目・4目・5目一度
↙	糸をつける
↗	糸を切る

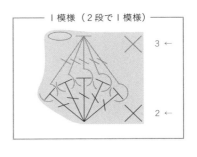

1模様（2段で1模様）

3 ←
2 ←

55

Pattern .03 立体パイナップル模様
ギャザーバッグ

糸　itoito POMPIDOUI（100gカセ巻）
　　カーキ（45）…160g

針　かぎ針7/0号、とじ針

サイズ　23.5×27cm

編み方

1 〈**本体**〉くさり編み44目の作り目をして、1段めはくさり3目で立ち上がり、作り目のくさり半目を拾い、反対側は残りの半目と裏山を拾い長編みを87目編み、最後は立ち上がりのくさり3目めに引き抜き底部分を袋状にする。

2 2段めはくさり3目で立ち上がり、編み図の通り模様を編み、脇の長編み3目の後、後ろ面を同様に編み、立ち上がりのくさり3目めに引き抜く。

3 3〜20段めも2と同様に編み図の通り編む。

4 21段めのひも通し部分を編み、続けて22段めも同様に編む。

5 〈**持ち手**〉4から続けて往復編みで持ち手を40段編む。反対側の脇の持ち手つけ位置に巻きかがりでとじつける。

6 〈**ひも**〉両端に長編み3目の玉編みを編んだくさり編み100目のひもを2本編み、それぞれ両脇からひも通し位置に通す。

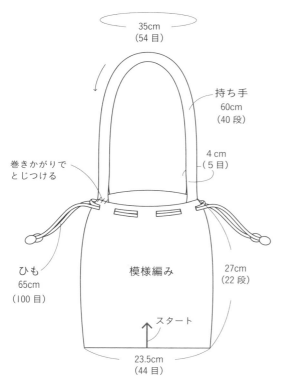

35cm
（54目）

持ち手
60cm
（40段）

4cm
（5目）

巻きかがりで
とじつける

ひも
65cm
（100目）

模様編み

27cm
（22段）

スタート

23.5cm
（44目）

※21段めのひも通し位置に
　両脇からそれぞれひもを通す

ひも　※2本編む

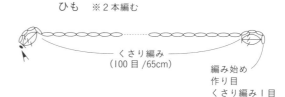

くさり編み
（100目/65cm）

編み始め
作り目
くさり編み1目

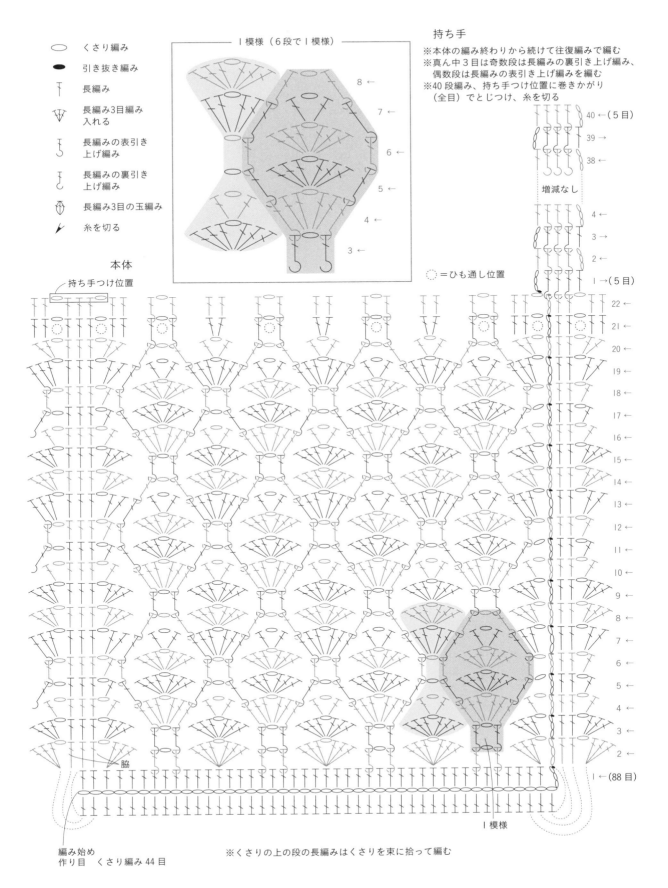

くさり編み

引き抜き編み

長編み

長編み3目編み
入れる

長編みの表引き
上げ編み

長編みの裏引き
上げ編み

長編み3目の玉編み

糸を切る

I模様（6段で1模様）

8 ←
7 →
6 ←
5 →
4 ←
3 →

持ち手

※本体の編み終わりから続けて往復編みで編む
※真ん中3目は奇数段は長編みの裏引き上げ編み、
　偶数段は長編みの表引き上げ編みを編む
※40段編み、持ち手つけ位置に巻きかがり
　（全目）でとじつけ、糸を切る

40 ←（5目）
39 →
38 ←

増減なし

4 ←
3 →
2 ←
1 →（5目）

◯＝ひも通し位置

本体

持ち手つけ位置

22 ←
21 →
20 ←
19 →
18 ←
17 →
16 ←
15 →
14 ←
13 →
12 ←
11 →
10 ←
9 →
8 ←
7 →
6 ←
5 →
4 ←
3 →
2 ←
1 ←（88目）

脇

I模様

編み始め
作り目　くさり編み44目

※くさりの上の段の長編みはくさりを束に拾って編む

57

糸　itoito skógafoss（30g玉巻）
　　A糸＝サーモンピンク（3）…60g
　　B糸＝ライトベージュ（2）…30g
　　C糸＝オフホワイト（1）…30g

針　かぎ針8/0号・7/0号、とじ針

サイズ　21×25cm

編み方

1　〈本体〉8/0号、A糸2本取りでくさり編み34目の作り目をして、1段めはくさり3目で立ち上がり、作り目のくさり半目を拾い、反対側は残りの半目と裏山を拾い長編みを67目編み、最後は立ち上がりのくさり3目めに引き抜き底部分を袋状にする。

2　2〜26段めはくさり3目で立ち上がり、編み図の通り長編みの表引き上げ編みと長編みを交互に編み、立ち上がりのくさり3目めに引き抜く。この時、10〜13段はA糸とB糸の2本取り、14〜17段はB糸の2本取り、18〜21段はB糸とC糸の2本取り、22〜26段はC糸の2本取りに替えてそれぞれ編む。

3　〈縁〉2から続けて27段めは細編みで編むが、途中35目めと最後にくさり編み5目のループを編む。

4　〈ショルダーひも〉7/0号、C糸1本取りで200目のくさりを編み、ループにひも端をそれぞれ通して結ぶ。

5　〈フリンジ〉バッグ両脇の編み目に20cmにカットした編み地と同じ糸2本取りのフリンジをそれぞれ結びつける。

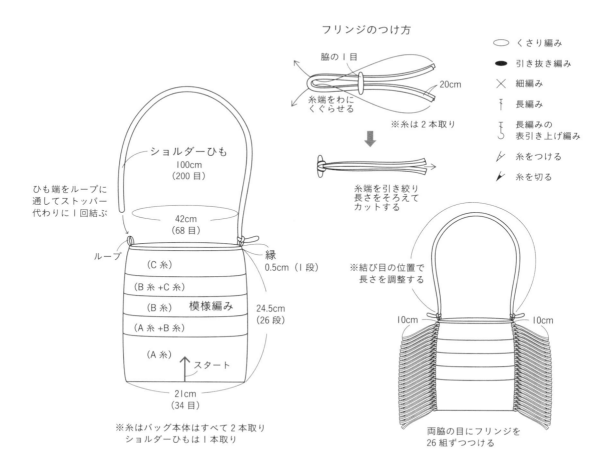

フリンジのつけ方

脇の1目
糸端をわにくぐらせる
20cm
※糸は2本取り

糸端を引き絞り長さをそろえてカットする

くさり編み
引き抜き編み
細編み
長編み
長編みの表引き上げ編み
糸をつける
糸を切る

ショルダーひも
100cm（200目）

ひも端をループに通してストッパー代わりに1回結ぶ

42cm（68目）

ループ

縁　0.5cm（1段）

（C糸）
（B糸＋C糸）
（B糸）　模様編み
（A糸＋B糸）
（A糸）
↑スタート

24.5cm（26段）

21cm（34目）

※糸はバッグ本体はすべて2本取り
ショルダーひもは1本取り

※結び目の位置で長さを調整する

10cm　　　10cm

両脇の目にフリンジを26組ずつつける

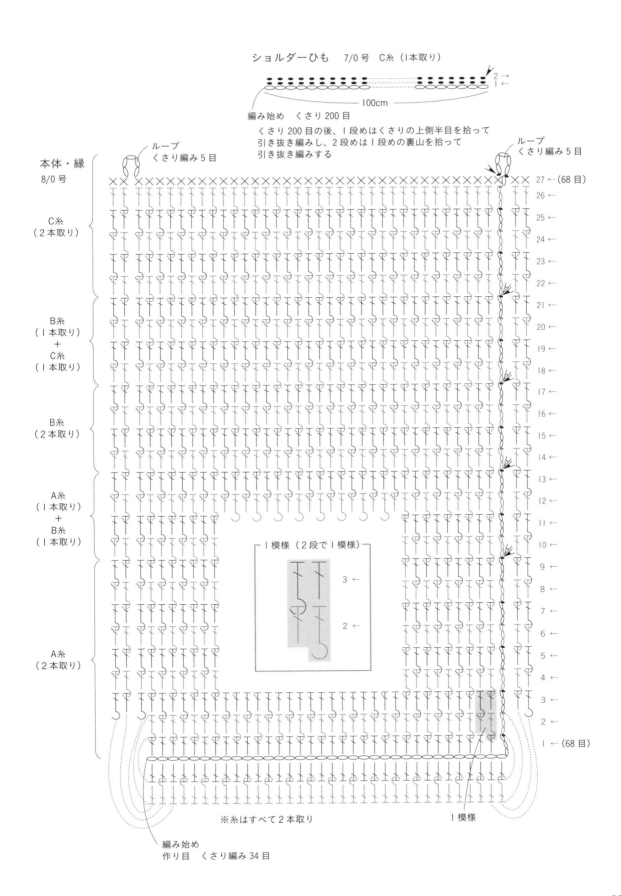

ショルダーひも　7/0号　C糸（1本取り）

2 →
1 ←

100cm

編み始め　くさり200目

くさり200目の後、1段めはくさりの上側半目を拾って
引き抜き編みし、2段めは1段めの裏山を拾って
引き抜き編みする

本体・縁
8/0号

ループ
くさり編み5目

ループ
くさり編み5目

C糸
（2本取り）

B糸
（1本取り）
＋
C糸
（1本取り）

B糸
（2本取り）

A糸
（1本取り）
＋
B糸
（1本取り）

A糸
（2本取り）

27 ← (68目)
26 ←
25 ←
24 ←
23 ←
22 ←
21 ←
20 ←
19 ←
18 ←
17 ←
16 ←
15 ←
14 ←
13 ←
12 ←
11 ←
10 ←
9 ←
8 ←
7 ←
6 ←
5 ←
4 ←
3 ←
2 ←
1 ← (68目)

1模様（2段で1模様）

3 ←

2 ←

※糸はすべて2本取り

1模様

編み始め
作り目　くさり編み34目

リップル模様
フリンジバッグ（横長）

糸　itoito skógafoss（30g玉巻）
A糸＝ライトパープル（8）…30g
B糸＝ライトグレー（13）…60g
C糸＝オフホワイト（1）…30g

針　かぎ針8/0号、とじ針

サイズ　29×21cm

編み方
1 〈本体〉A糸2本取りでくさり編み46目の作り目をして、1段めはくさり3目で立ち上がり、作り目のくさり半目を拾い、反対側は残りの半目と裏山を拾い長編みを91目編み、最後は立ち上がりのくさり3目めに引き抜き底部分を袋状にする。
2 2～21段はくさり3目で立ち上がり、編み図の通り長編みの表引き上げ編みと長編みを交互に編み、立ち上がりのくさり3目めに引き抜く。この時、6～8段はA糸とB糸の2本取り、9～13段はB糸の2本取り、14～18段はB糸とC糸の2本取り、19～21段はC糸の2本取りに替えてそれぞれ編む。
3 〈縁〉2から続けて22～23段を編み図の通り編む。
4 〈持ち手〉3から続けて40段編むが、2～38段は輪に編む。反対側の脇の持ち手つけ位置に巻きかがりでとじつける。
5 〈フリンジ〉バッグ前面、22段めの細編みのすじ編みの目にC糸2本取りのフリンジを結びつける。

フリンジのつけ方

糸端をわにくぐらせる

22段めの細編みのすじ編みの目

C糸
20～30cm
※糸は2本取り

糸端を引き絞り長さをそろえてカットする

56cm（92目）
持ち手 42cm（40段）
4cm（5目）
巻きかがりでとじつける
縁 1cm（2段）
（C糸）
（B糸＋C糸）
（B糸）　模様編み
（A糸＋B糸）
（A糸）　スタート
20cm（21段）
29cm（46目）
※糸はすべて2本取り

15cm　10cm
バッグ前面の22段めの細編みのすじ編みの目にフリンジ46組つけ斜めにカットする

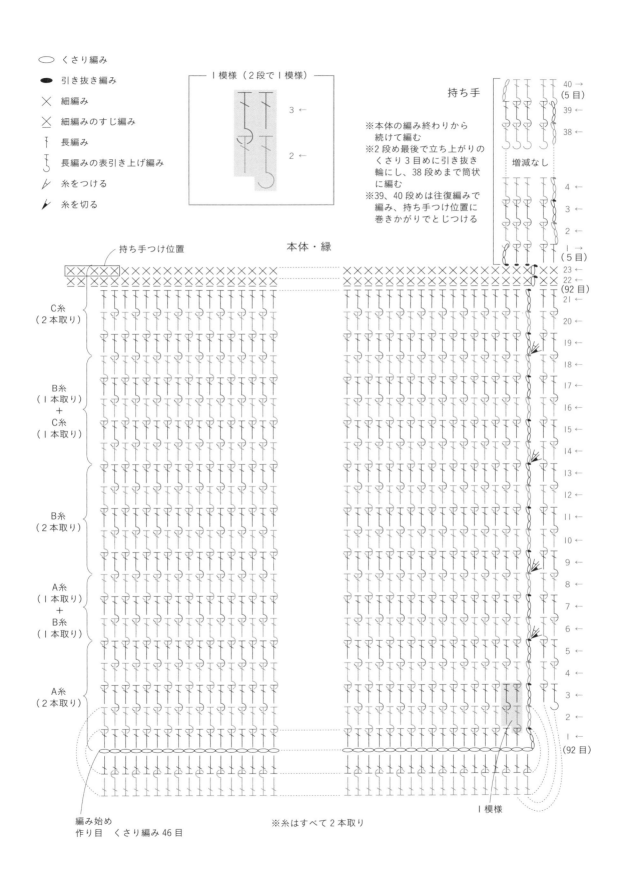

くさり編み
引き抜き編み
細編み
細編みのすじ編み
長編み
長編みの表引き上げ編み
糸をつける
糸を切る

I模様（2段でI模様）

3 ←
2 ←

持ち手

※本体の編み終わりから
　続けて編む
※2段め最後で立ち上がりの
　くさり3目めに引き抜き
　輪にし、38段めまで筒状
　に編む
※39、40段めは往復編みで
　編み、持ち手つけ位置に
　巻きかがりでとじつける

40 →
(5目)
39 ←
38 ←

増減なし

4 ←
3 ←
2 ←
I ←
(5目)

持ち手つけ位置

本体・縁

23 ←
22 ←
(92目)
21 ←
20 ←
19 ←
18 ←
17 ←
16 ←
15 ←
14 ←
13 ←
12 ←
11 ←
10 ←
9 ←
8 ←
7 ←
6 ←
5 ←
4 ←
3 ←
2 ←
I ←
(92目)

C糸
（2本取り）

B糸
（I本取り）
＋
C糸
（I本取り）

B糸
（2本取り）

A糸
（I本取り）
＋
B糸
（I本取り）

A糸
（2本取り）

編み始め
作り目　くさり編み46目

I模様

※糸はすべて2本取り

61

^{Pattern} .05. シードステッチ模様
ドロップバッグ

糸　　DARUMA TUBE（40g玉巻）
　　　ピンクベージュ（６）…194g

針　　ジャンボかぎ針12mm・10mm、
　　　とじ針

サイズ　30×30cm

編み方
1　〈底・側面〉12mmで底から編み始める。わの作り目をして、立ち上がりのくさり1目、細編み7目を編み入れ、1目めの細編みに引き抜く。
2　2段めはくさり1目で立ち上がり、「細編み1目、くさり編み1目」を7回繰り返し、1目めの細編みに引き抜く。
3　3段めはくさり1目で立ち上がり、「くさり編み1目、前段のくさりを束に拾って細編み1目」を7回繰り返し、立ち上がりのくさりに引き抜く。
4　4段めからは2、3段めと同様に編むが、偶数段は増し目をし、奇数段は増減なしで底を11段めまで編む。
5　12〜35段めまで増減なしで同様に側面を編む。
6　〈縁・持ち手〉36段めで10mmに替えて同様に編むが、途中ストッパーループと持ち手のくさりをそれぞれ編む。
7　6から続けて37段めは本体口部分は引き抜き編みのすじ編み、ストッパーループと持ち手はくさりの半目と裏山を拾って細編みをそれぞれ編む。

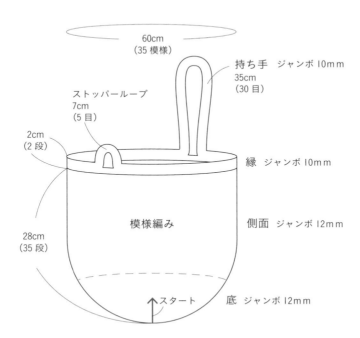

60cm
（35 模様）

持ち手　ジャンボ 10mm
35cm
（30 目）

ストッパーループ
7cm
（5 目）

縁　ジャンボ 10mm

2cm
（2 段）

側面　ジャンボ 12mm

模様編み

28cm
（35 段）

↑スタート

底　ジャンボ 12mm

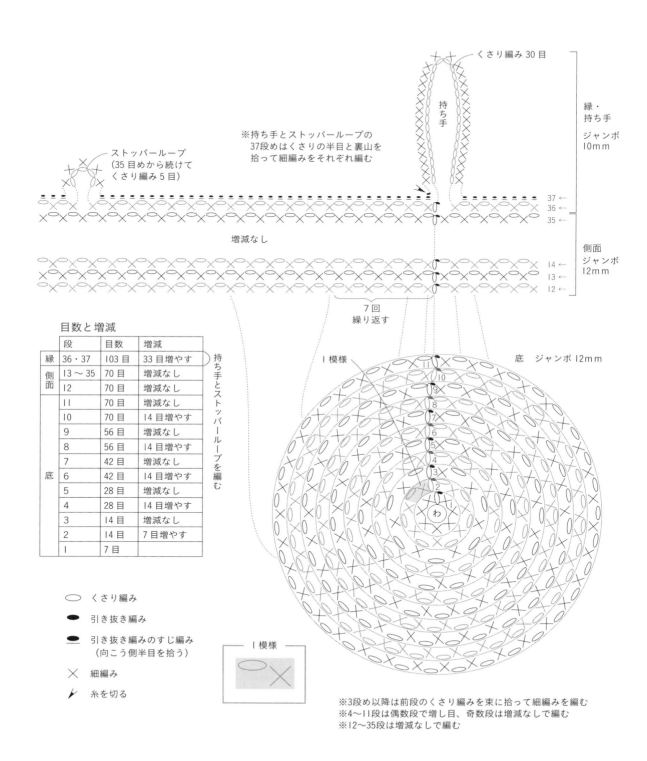

くさり編み 30 目

持ち手

※持ち手とストッパーループの
37段めはくさりの半目と裏山を
拾って細編みをそれぞれ編む

ストッパーループ
（35 目めから続けて
くさり編み 5 目）

縁・
持ち手
ジャンボ
10mm

増減なし

37 ←
36 ←
35 ←

側面
ジャンボ
12mm

14 ←
13 ←
12 ←

7 回
繰り返す

1 模様

底　ジャンボ 12mm

わ

目数と増減

	段	目数	増減	
縁	36・37	103 目	33 目増やす	持ち手とストッパーループを編む
側面	13 ～ 35	70 目	増減なし	
	12	70 目	増減なし	
底	11	70 目	増減なし	
	10	70 目	14 目増やす	
	9	56 目	増減なし	
	8	56 目	14 目増やす	
	7	42 目	増減なし	
	6	42 目	14 目増やす	
	5	28 目	増減なし	
	4	28 目	14 目増やす	
	3	14 目	増減なし	
	2	14 目	7 目増やす	
	1	7 目		

◯　くさり編み

⬤　引き抜き編み

◖　引き抜き編みのすじ編み
（向こう側半目を拾う）

✕　細編み

✄　糸を切る

1 模様

※3段め以降は前段のくさり編みを束に拾って細編みを編む
※4～11段は偶数段で増し目、奇数段は増減なしで編む
※12～35段は増減なしで編む

Pattern
.06. リブ×ネット模様
バスケット

糸　A糸＝DARUMA GIMA（30g玉巻）　スカーレット（11）…120g
　　B糸＝DARUMA Pracord 3 ply（40g玉巻）　ブラウンベージュ（10）…20g

針　かぎ針8/0号・7/0号、とじ針

サイズ　直径20×25cm

編み方
1 〈底〉A糸でかぎ針8/0号で底から編み始める。わ
　の作り目をして、1段めは立ち上がりのくさり3目、
　長編み11目を編み入れ、立ち上がりのくさり3目め
　に引き抜く。編み図の通り増し目をしながら長編み
　で底を円に7段編む。これを2枚編む。
2 〈側面下〉底1枚の編み終わりから続けて、くさり編
　み20目の作り目を編む。くさり1目で立ち上がり、くさ
　り半目を拾って細編みを20目編んだら、2枚底（外
　表）の1目めに引き抜き編みをする。続けて底2目め
　に引き抜き編みをし、側面下2段めを往復編みで細
　編みを20目編む。
3 同様にして底とつなぎながら、奇数段は細編みのす
　じ編み、偶数段は細編みで側面下を84段編み、最
　後は内側で84段めの外側半目と作り目（残り半目と
　裏山）を引き抜きはぎでつなぐ。
4 〈側面上・持ち手〉側面下の1段めにB糸をつけ、か
　ぎ針7/0号で目を拾いながら、くさり編みのループ
　模様を編み図の通り7段む。続けて8段めでくさり
　編み100目の持ち手を6本編む。7段めの反対側に
　B糸をつけ、同様に持ち手を編む。
5 くさり6本をそれぞれ束ねて、B糸をつけ細編み10
　目で編みくるむ。

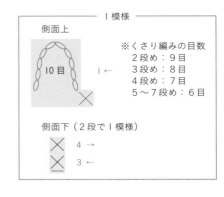

I模様
側面上
10目
←
※くさり編みの目数
　2段め：9目
　3段め：8目
　4段め：7目
　5〜7段め：6目
側面下（2段で1模様）
4 →
3 ←

記号一覧
◯ くさり編み
● 引き抜き編み
✕ 細編み
✕ 細編みのすじ編み
† 長編み
∨ 長編み2目編み入れる
‡ 長々編み
⟋ 糸をつける
⟍ 糸を切る

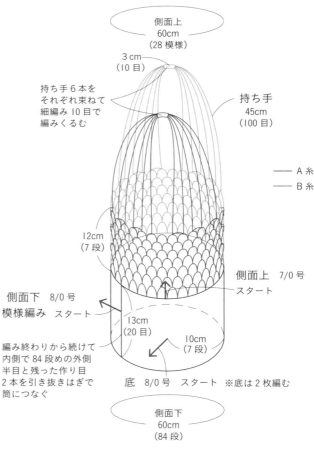

側面上
60cm
（28模様）

3cm
（10目）

持ち手6本を
それぞれ束ねて
細編み10目で
編みくるむ

持ち手
45cm
（100目）

── A糸
── B糸

12cm
（7段）

側面上　7/0号
スタート

側面下　8/0号
模様編み　スタート

13cm
（20目）

10cm
（7段）

編み終わりから続けて
内側で84段めの外側
半目と残った作り目
2本を引き抜きはぎで
筒につなぐ

底　8/0号　スタート　※底は2枚編む

側面下
60cm
（84段）

※底1枚の編み終わりから続けて側面下の作り目を編み、
　2枚合わせた底を引き抜き編みでつなぎながら、
　往復編みで側面下を編む

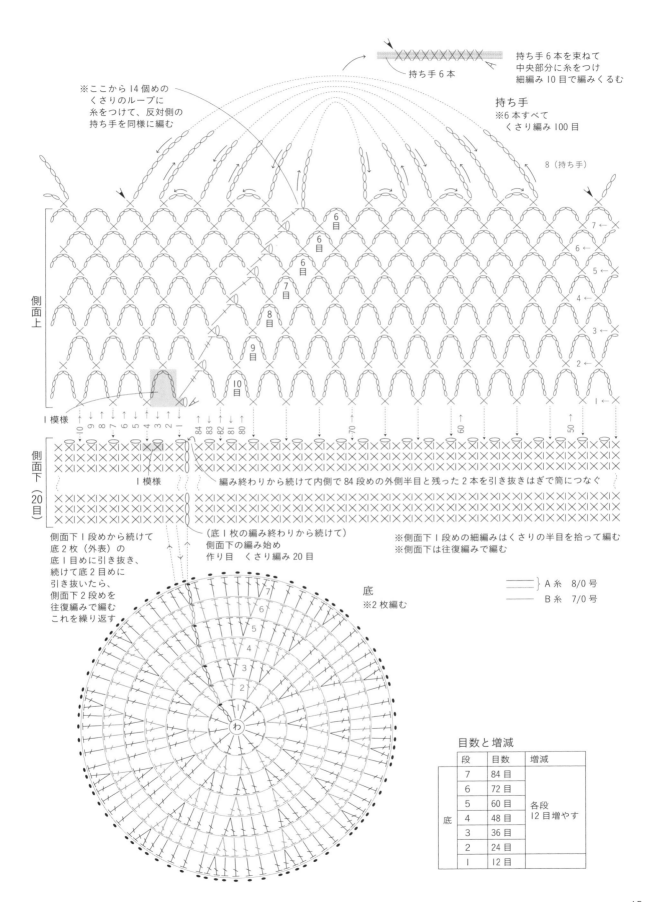

持ち手6本

持ち手6本を束ねて
中央部分に糸をつけ
細編み10目で編みくるむ

※ここから14個めの
くさりのループに
糸をつけて、反対側の
持ち手を同様に編む

持ち手
※6本すべて
くさり編み100目

8（持ち手）

6目
6目
6目
7目
8目
9目
10目

側面上

7←
6←
5←
4←
3←
2←
1←

1模様

側面下
（20目）

1模様

編み終わりから続けて内側で84段めの外側半目と残った2本を引き抜きはぎで筒につなぐ

側面下1段めから続けて
底2枚（外表）の
底1目めに引き抜き、
続けて底2目めに
引き抜いたら、
側面下2段めを
往復編みで編む
これを繰り返す

（底1枚の編み終わりから続けて）
側面下の編み始め
作り目　くさり編み20目

※側面下1段めの細編みはくさりの半目を拾って編む
※側面下は往復編みで編む

══════ } A糸　8/0号
────── B糸　7/0号

底
※2枚編む

目数と増減

段	目数	増減
7	84目	
6	72目	
5	60目	各段
4	48目	12目増やす
3	36目	
2	24目	
1	12目	

底

V字のステップ模様
春夏の変形三角ストール

糸　市販のリネンシルク糸※
　　A糸＝グレー…50g
　　B糸＝水色…50g

針　かぎ針5/0号、とじ針

サイズ　180×50cm

編み方

1　A糸でくさり編み5目の作り目をして、1段めはくさり3目で立ち上がり、くさりの裏山を拾って模様を編む。

2　2段めからは往復編みで、くさり3目で立ち上がり編み図の通り模様を編む。

3　3段め以降、奇数段は63段めまでくさり編み7目で模様のブロックを増やしながら、編み図の通り1段めと同様に編む。この時、増やしたブロックの長編みはくさりの裏山を拾う。偶数段は編み図の通り2段めと同様に編む。

4　64～91段めまでは増減なしで編むが、途中73段めでB糸に替える。

5　92段め以降は編み図の通り偶数段で模様のブロックを減らしながら編み、153段めまで同様に編む。

※
おすすめの糸

・ておりや フレンチリネン

・ごしょう産業 毛糸ピエロ
　グレイスフルリネン

・AND WOOL
　[No.17] シルクリネン糸
　（2本取りで使用）

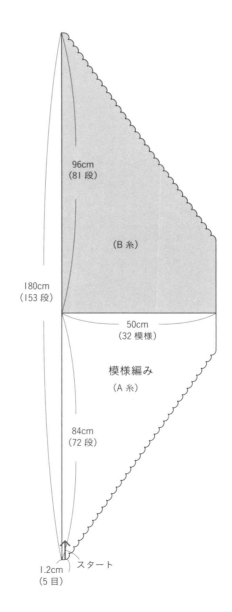

180cm
（153段）

96cm
（81段）

（B糸）

50cm
（32模様）

模様編み
（A糸）

84cm
（72段）

1.2cm
（5目）

スタート

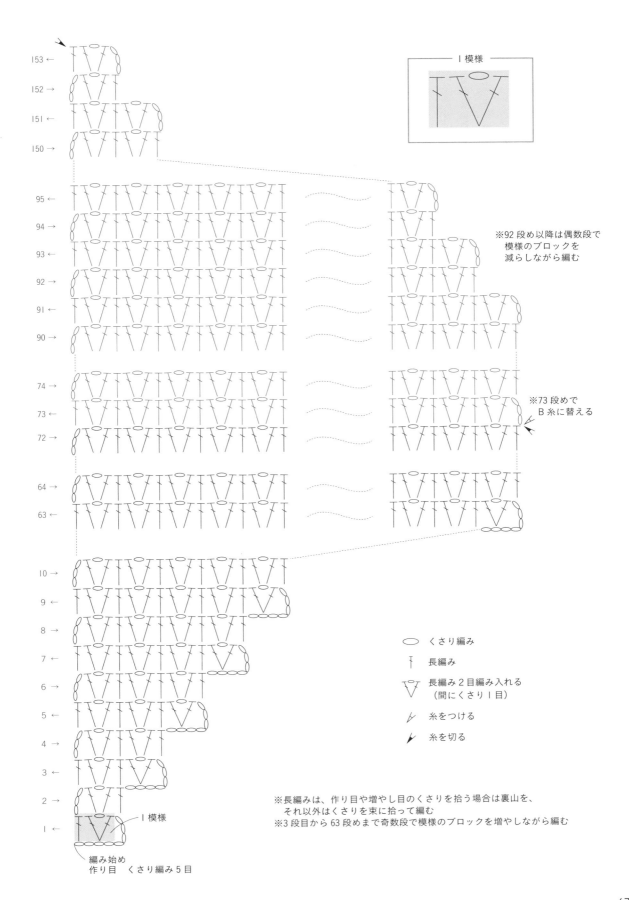

153 ←
152 →
151 ←
150 →

| 模様

※92 段め以降は偶数段で
模様のブロックを
減らしながら編む

95 ←
94 →
93 ←
92 →
91 ←
90 →

74 →
73 ←
72 →

※73 段めで
B 糸に替える

64 →
63 ←

10 →
9 ←
8 →
7 ←
6 →
5 ←
4 →
3 ←
2 →
| ←

| 模様

編み始め
作り目　くさり編み 5 目

くさり編み

長編み

長編み 2 目編み入れる
（間にくさり | 目）

糸をつける

糸を切る

※長編みは、作り目や増やし目のくさりを拾う場合は裏山を、
　それ以外はくさりを束に拾って編む
※3 段目から 63 段めまで奇数段で模様のブロックを増やしながら編む

Pattern 08 グリッド×ネット模様
秋冬の三角ストール

糸　DARUMA ギーク(30g玉巻)
　　A糸＝ブラック×ブルー(4)…150g
　　B糸＝オーカー×モスグリーン(8)…18g

針　ジャンボかぎ針7㎜・かぎ針8/0号、
　　とじ針

サイズ　135×67.5cm

編み方

1　A糸でかぎ針ジャンボ7㎜で、わの作り目をして、1段めはくさり5目で立ち上がり、「長編み1目、くさり編み2目」を2回繰り返し、長編み1目を編む。

2　2段めからは往復編みで、前段のくさりは束に拾って編み図の通り模様を編むが、最後の細編みは前段の立ち上がりのくさり3目めを割って編み入れる。

3　3段め以降は、奇数段の中央で3段めは4模様、5段め以降は2模様増やしながら、編み図の通り41段めまで編む。

4　かぎ針8/0号でB糸をつけ、フリルを1段編む。

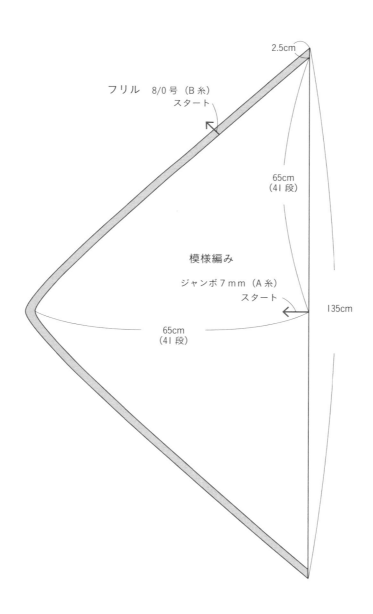

2.5cm

フリル　8/0号（B糸）
スタート

65cm
(41段)

模様編み

ジャンボ7㎜（A糸）
スタート

135cm

65cm
(41段)

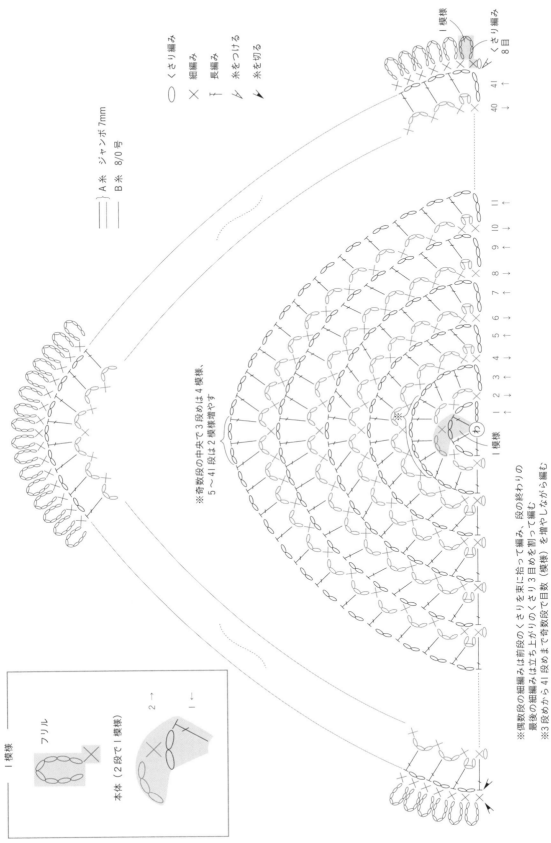

記号の説明:
○ くさり編み
× 細編み
$\top$ 長編み
$\swarrow$ 糸をつける
$\blacktriangleright$ 糸を切る

A糸 } ジャンボ 7mm
B糸 8/0号

1模様
くさり編み
8目

※奇数段の中央で3段めは4模様、
5〜41段は2模様増やす

※偶数段の細編みは前段のくさりを束に拾って編み、段の終わりの
最後の細編みは立ち上がりのくさり3目めを割って編む
※3段めから41段めまで奇数段で目数（模様）を増やしながら編む

1模様
フリル

本体（2段で1模様）

69

^{Pattern} .09. エンボスハートのステップ模様
秋冬の三角ストール

糸　DARUMA
　　原毛に近いメリノウール（30g玉巻）
　　A糸＝ココア（3）…160g
　　B糸＝ダスティピンク（22）…55g

針　かぎ針8/0号、とじ針

サイズ　145×66cm

編み方

1　A糸でくさり編み5目の作り目をして、1段めはくさり3目で立ち上がり、くさりの裏山を拾って編み図の通り模様を編む。

2　2段めからは往復編みで、くさり3目で立ち上がり模様を編む。

3　3段め以降、奇数段は51段めまでくさり編み7目で模様のブロックを増やしながら、編み図の通り1段めと同様に編む。この時、前段のくさりは束に拾う。偶数段は編み図の通り2段めと同様に編む。

4　52段め以降は編み図の通り偶数段で模様のブロックを減らしながら編み、66段めでB糸に替え、101段めまで同様に編む。

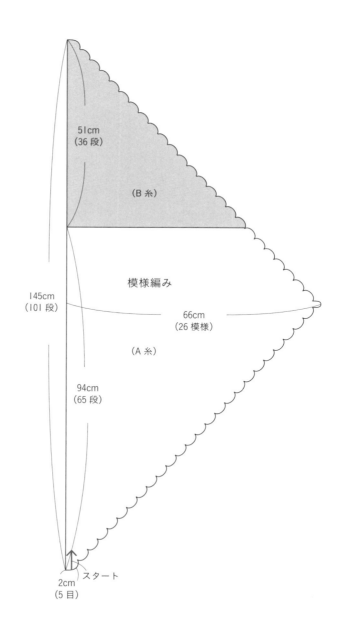

51cm
（36段）

（B糸）

模様編み

145cm
（101段）

66cm
（26模様）

（A糸）

94cm
（65段）

2cm
（5目）

スタート

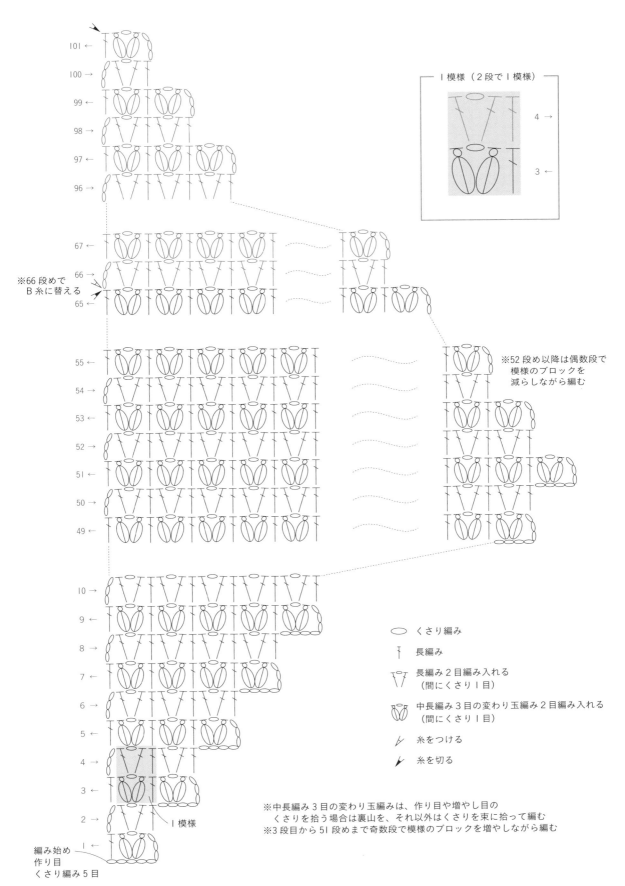

101 ←
100 →
99 ←
98 →
97 ←
96 →

I 模様（2 段で I 模様）

4 →
3 ←

67 ←
66 →
65 ←

※66 段めで
B 糸に替える

55 ←
54 →
53 ←
52 →
51 ←
50 →
49 ←

※52 段め以降は偶数段で
模様のブロックを
減らしながら編む

10 →
9 ←
8 →
7 ←
6 →
5 ←
4 →
3 ←
2 →
I ←

編み始め
作り目
くさり編み 5 目

I 模様

◯ くさり編み

† 長編み

長編み 2 目編み入れる
（間にくさり I 目）

中長編み 3 目の変わり玉編み 2 目編み入れる
（間にくさり I 目）

糸をつける

糸を切る

※中長編み 3 目の変わり玉編みは、作り目や増やし目の
　くさりを拾う場合は裏山を、それ以外はくさりを束に拾って編む
※3 段目から 5I 段めまで奇数段で模様のブロックを増やしながら編む

糸 DARUMA SASAWASHI
（25gカセ巻）
ダークブラウン（13）…140g

針 かぎ針7/0号・6/0号、とじ針

サイズ 32×23cm

編み方

1 〈底〉7/0号でくさり編み40目の作り目をして編み始める。1段めは作り目のくさり半目を拾い、反対側は残りの半目と裏山を拾い細編みを88目編み、最後は1目めに引き抜く。両脇で増し目をしながら細編みで底部分を楕円に4段編む。

2 〈側面〉続けて編み図の通り模様を編む。5段めはくさり3目で立ち上がり、すじ編みで編み、6〜19段めは47ページと同様に編む。

3 〈縁〉20〜23段めを細編みのすじ編みで100目編む。

4 〈持ち手〉6/0号で200目のくさりを編む。図を参照し19段めの編み目の間に通し、端を結ぶ。

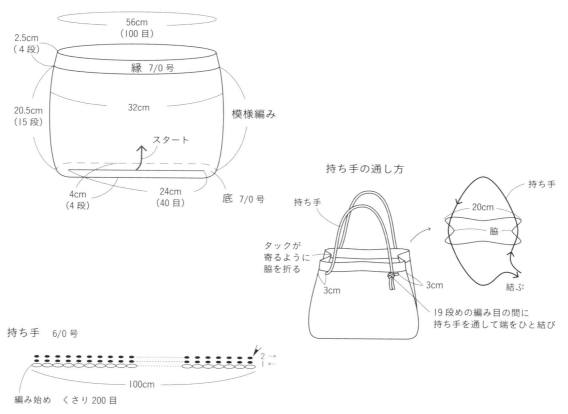

側面 7/0号

56cm
（100目）

2.5cm
（4段）

縁 7/0号

20.5cm
（15段）

32cm

模様編み

スタート

4cm
（4段）

24cm
（40目）

底 7/0号

持ち手の通し方

持ち手

タックが
寄るように
脇を折る

3cm 3cm

19段めの編み目の間に
持ち手を通して端をひと結び

20cm

持ち手

脇

結ぶ

持ち手 6/0号

2 →
1 ←

100cm

編み始め くさり200目

くさり200目の後、1段めはくさりの上側半目を拾って
引き抜き編みし、2段めは1段めの裏山を拾って
引き抜き編みする

底・側面・縁　7/0 号

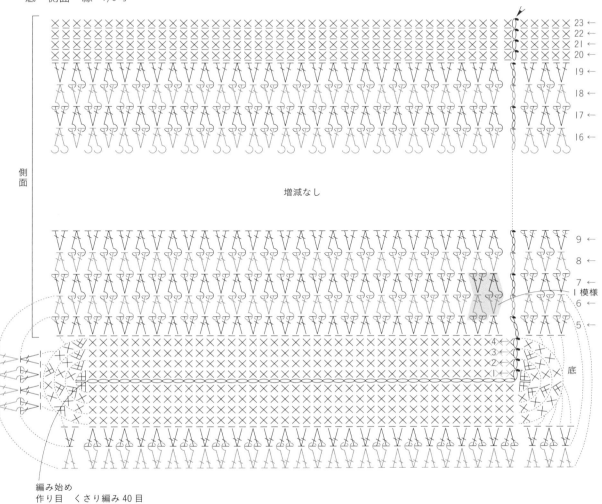

増減なし

側面

23 ←
22
21
20
19 ←
18
17
16 ←

9 ←
8
7
┤模様
6
5

4 ←
3
2
│

底

編み始め
作り目　くさり編み 40 目

┤模様（2段で┤模様）

7 ←

6 ←

目数と増減

段		目数	増減	
縁	21〜23	100 目	増減なし	模様編み
	20	100 目		
側面	6〜19	100 目	増減なし	
	5	100 目		
底	4	100 目	4 目増やす	
	3	96 目	4 目増やす	
	2	92 目	4 目増やす	
	│	88 目	4 目増やす	

※作り目　くさり編み 40 目

⬭　くさり編み

⬬　引き抜き編み

✕　細編み

✕　細編みのすじ編み

Ⅴ　細編み2目編み入れる

Ⅴ　長編み2目編み入れる

Ⅴ　長編みのすじ編み2目編み入れる

Ⅴ　長編みのすじ編み2目一度

Ⅴ　長編みの表引き上げ編み2目一度

✄　糸を切る

Pattern 11. 麦の穂模様
トートバッグ

糸　A糸＝パピー リーフィー（40gカセ巻）
　　　　ブラック（757）…80g
　　　B糸＝パピー ピマベーシック（40g玉巻）
　　　　薄グリーン（602）…50g

針　かぎ針7/0号・5/0号、とじ針

サイズ　32×30cm

編み方

1　〈底〉A糸で7/0号で編み始める。わの作り目をして、立ち上がりのくさり3目、長編み14目を編み入れ、立ち上がりのくさり3目めに引き抜く。

2　2段めはくさり1目で立ち上がり、編み図の通り模様を編み、1目めの細編みに引き抜く。

3　3段めはくさり1目で立ち上がり、2段めの長編みと細編みの間を束に拾って編み、立ち上がりのくさりに引き抜く。

4　4〜11段はくさり1目で立ち上がり、前段のくさりを束に拾って編み、1目めの細編みに引き抜く。奇数段は増し目をし、偶数段は増減なしで底を11段めまで同様に編む。

5　〈側面〉12〜40段めまで増減なしで編む。

6　〈持ち手〉B糸で5/0号で往復編みで2本編む。

7　イラストを参照して本体に持ち手2本を巻きかがりでつける。

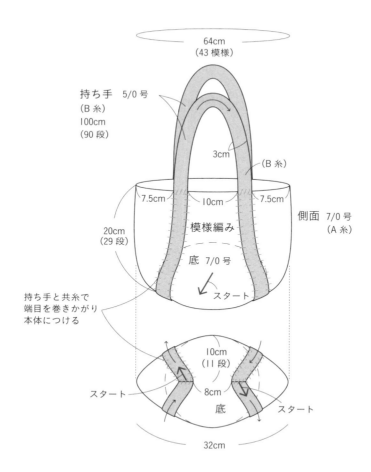

底・側面 7/0号 A糸

持ち手 5/0号 B糸

編み始め
作り目
くさり編み8目

増減なし

※1段めはくさりの半目を拾って編む

90→
89↓
4 3 2 1

40↓ 39↓
16 15 14 13 12 11 10 9 8 7 6 5 4

増減なし

7回繰り返す

1模様

側面

底

底

凡例

○ くさり編み
● 引き抜き編み
× 細編み
T 長編み
⊘ 中長編み3目の変わり玉編み
2目編み入れる（間にくさり1目）
➴ 糸を切る

1模様

※3段めは2段めの長編みと細編みの間を
束に拾って細編みと長編みを編む
※4段め以降は前段のくさり編みを束に
拾って細編みと長編みを編む
※5～11段は各段増減なしで編む、
偶数段は増減なしで編む
※12～40段は増減なしで編む

目／模様数と増減

	段	目/模様数	増減
側面	13～40	43模様	増減なし
	12	43模様	増減なし
	11	43模様	7模様増やす
	10	36模様	増減なし
	9	36模様	7模様増やす
	8	29模様	増減なし
底	7	29模様	7模様増やす
	6	22模様	増減なし
	5	22模様	7模様増やす
	4	15模様	増減なし
	3	15模様	30目増やす
	2	30目	15目増やす
	1	15目	

Pattern .12. スパイラル模様
ソックス

糸　DARUMA スーパーウオッシュメリノ(50g玉巻)
　　A糸＝インディゴブルー(5)…10g
　　B糸＝チョコレート(7)…110g

針　かぎ針3/0号、とじ針

サイズ　10×31cm

編み方

1　はき口1段めをA糸でくさり1目、立ち上がりのくさり3目を編み、伸縮する長編みの作り目45目を編み、立ち上がりのくさり3目めに引き抜き輪にする。編み始めの糸端は長編み45目めにチェーンつなぎする。

2　B糸に替え、2段めはくさり3目で立ち上がり、長編みを45目編み、立ち上がりのくさり3目めに引き抜く。

3　3〜46段めは48ページと同様に編む。

4　A糸に替え、47〜49段めは減らし目をしながら長編みでつま先部分を編む。

5　中表に合わせてたたみ、4から続けて最終段の目を引き抜きはぎでとじる。

6　1〜5を繰り返しもう一枚編む。

◯	くさり編み
⬬	引き抜き編み
†	長編み
⋀	長編み2目一度
⋚	長編みの表引き上げ編み
⋛	長編みの裏引き上げ編み
↙	糸をつける
↙	糸を切る

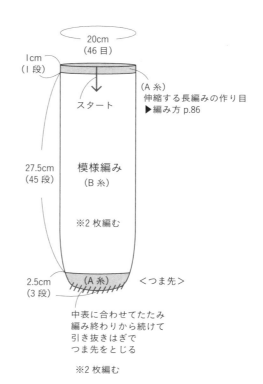

20cm
(46目)

1cm
(1段)

スタート

(A糸)
伸縮する長編みの作り目
▶編み方 p.86

27.5cm
(45段)

模様編み
(B糸)

※2枚編む

2.5cm
(3段)

(A糸)　　　＜つま先＞

中表に合わせてたたみ
編み終わりから続けて
引き抜きはぎで
つま先をとじる

※2枚編む

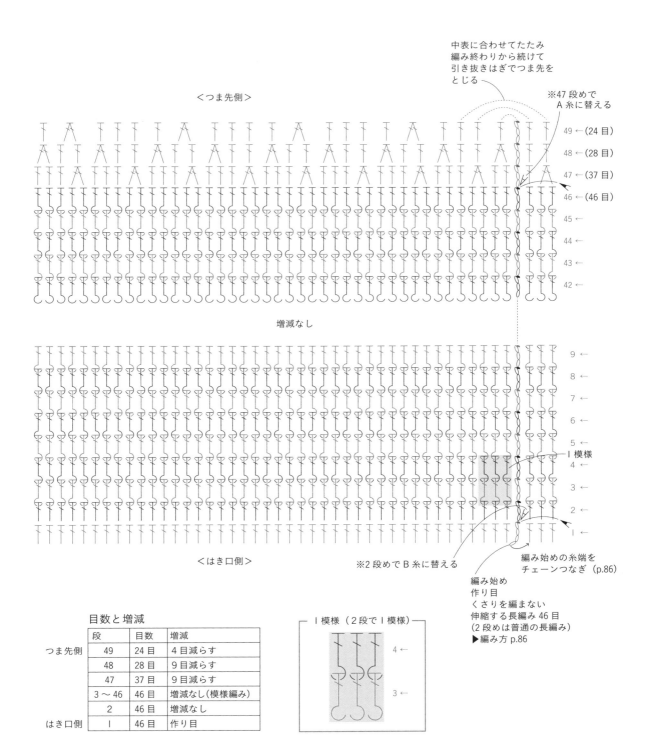

＜つま先側＞

中表に合わせてたたみ
編み終わりから続けて
引き抜きはぎでつま先を
とじる

※47段めで
A糸に替える

49 ←（24目）
48 ←（28目）
47 ←（37目）
46 ←（46目）
45 ←
44 ←
43 ←
42 ←

増減なし

9 ←
8 ←
7 ←
6 ←
5 ←
4 ← ┤模様
3 ←
2 ←
┤ ←

＜はき口側＞

※2段めでB糸に替える

編み始めの糸端を
チェーンつなぎ（p.86）

編み始め
作り目
くさりを編まない
伸縮する長編み46目
（2段めは普通の長編み）
▶編み方 p.86

目数と増減

	段	目数	増減
つま先側	49	24目	4目減らす
	48	28目	9目減らす
	47	37目	9目減らす
	3〜46	46目	増減なし（模様編み）
	2	46目	増減なし
はき口側	┤	46目	作り目

┌ ┤模様（2段で┤模様）┐

4 ←

3 ←

Pattern .13. ワイドリブ模様
猫耳キャップ

糸　パピー スラブエロイカ（100g玉巻）
レンガ色（204）…218g

針　ジャンボかぎ針10mm・かぎ針10/0号、
とじ針

サイズ　頭囲50×23cm

編み方
1　10mmでくさり編み28目の作り目をして、1段めはくさりの半目と裏山を拾って細編みを28目編む。この時、1〜6目め（かぶり口側）はかぎ針10/0号で、7〜28目め（トップ側）は10mmで編む。
2　2〜52段めは往復編みで、1段めと同様にかぎ針の太さを替えながら編み図の通り編む。
3　編み地を中表に半分に折り、2から続けて10/0号でサイドからトップをとじ、被り口から表に返す。

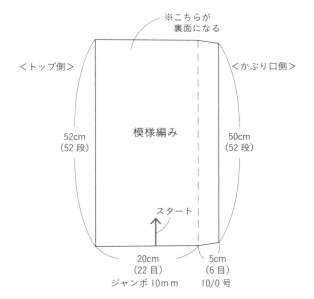

でき上がりの形

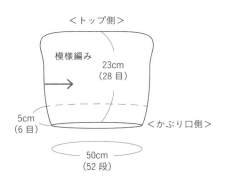

78

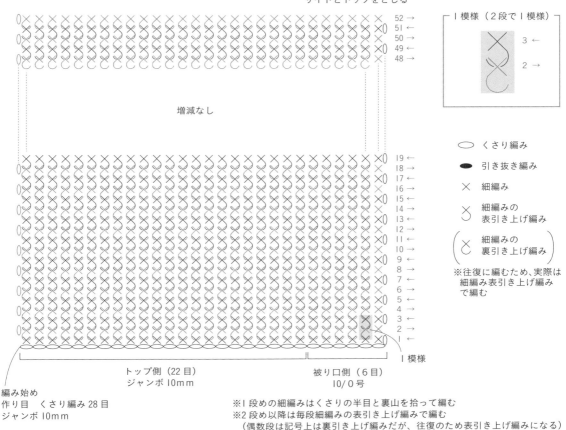

※編み終わりの糸端はカットせず、
　サイドとトップをとじる

I模様（2段でI模様）

○ くさり編み

● 引き抜き編み

× 細編み

入 細編みの
　表引き上げ編み

(細編みの
　裏引き上げ編み)

※往復に編むため、実際は
　細編み表引き上げ編み
　で編む

増減なし

52 →
51
50 →
49
48 →

19 ←
18 →
17
16 →
15
14 →
13
12 →
11 ←
10
9 ←
8
7 ←
6
5 ←
4
3 ←
2
1 ←

I模様

トップ側（22目）
ジャンボ 10mm

被り口側（6目）
10/0号

編み始め
作り目　くさり編み 28目
ジャンボ 10mm

※1 段めの細編みはくさりの半目と裏山を拾って編む
※2 段め以降は毎段細編みの表引き上げ編みで編む
　（偶数段は記号上は裏引き上げ編みだが、往復のため表引き上げ編みになる）

仕上げ方

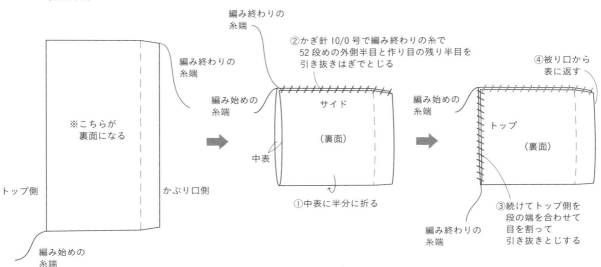

編み終わりの
糸端

②かぎ針 10/0 号で編み終わりの糸で
　52 段めの外側半目と作り目の残り半目を
　引き抜きはぎでとじる

④被り口から
　表に返す

編み終わりの
糸端

編み始めの
糸端

サイド

（裏面）

トップ

（裏面）

※こちらが
　裏面になる

中表

トップ側

かぶり口側

①中表に半分に折る

編み始めの
糸端

③続けてトップ側を
　段の端を合わせて
　目を割って
　引き抜きとじする

編み終わりの
糸端

編み始めの
糸端

糸　パピー フォルトゥーナ（25g玉巻）
　　赤（2248）…111g

針　かぎ針8/0号、とじ針

サイズ　20×140cm

編み方

1　くさり編み43目の作り目をして、1段めは立ち上がりのくさり1目を編み、く
　　さりの裏山を拾って細編み43目編む。

2　2〜75段めは往復編みで編み図の通り模様を編む。6段めは3段めと同
　　様に編むが、細編みは2段下の長編みと長編みの間を束に拾って編む。

3　作り目1目めに糸をつけて、細編みは作り目のくさりの全目、長編みは反対
　　側の長編みと同じ位置を拾って逆方向に1〜56段を編む。

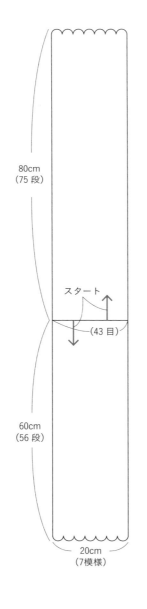

80cm
（75段）

スタート

（43目）

60cm
（56段）

20cm
（7模様）

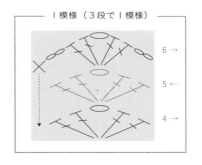

1模様（3段で1模様）

6 →
5 ←
4 →

⬭　くさり編み

✕　細編み

✕　細編み
↓　※2段下の長編みと長編みの
　　間を束に拾う

┃　長編み

長編み4目編み入れる
（間にくさり1目）

↙　糸をつける

↙　糸を切る

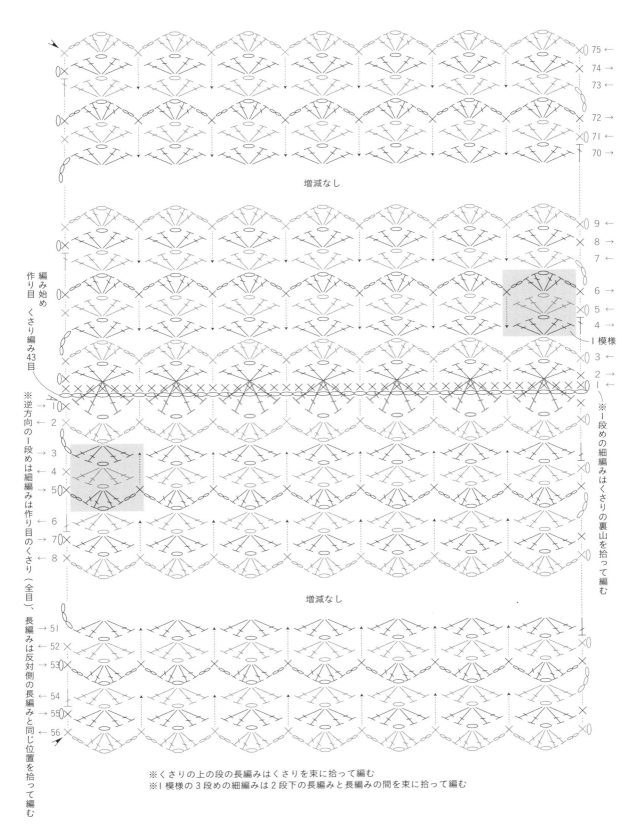

増減なし

増減なし

編み始め
作り目 くさり編み43目

※逆方向の1段めは細編みは作り目のくさり（全目）、長編みは反対側の長編みと同じ位置を拾って編む

1模様

※1段めの細編みはくさりの裏山を拾って編む

※くさりの上の段の長編みはくさりを束に拾って編む
※1模様の3段めの細編みは2段下の長編みと長編みの間を束に拾って編む

˙Pattern˙ モザイクスクエア模様
.15. ハンドウォーマー（ショート）

糸 パピー ブリティッシュファイン（25g玉巻）
A糸＝グレー（19）…25g
B糸＝ピンク（85）…25g

針 かぎ針6/0号、とじ針

サイズ 10×14cm

編み方

1 糸はすべて2本取りで編む。糸端を3～5cm残しA糸でくさり編み41目の作り目をして、1段めはくさり1目で立ち上がり、くさりの裏山を拾って細編みを41目編み、最後は1目めに引き抜き輪にする。編み始めの糸端は作り目41目めに残した糸で2回すくってつなぐ。

2 2段めはくさり1目で立ち上がり、細編みのすじ編みを41目編んだら、B糸に替えて1目めに引き抜く。

3 3～17段めは編み図の通り模様を編む。この時、長編みは2段下の手前半目を拾って編み、各段最後の引き抜き編みで糸の色を替えてA、B糸を毎段交互に編む。

4 18段めは途中手の平側で右手親指の指穴のくさり編み5目を編み、19段めで指穴部分はくさりの半目と裏山を拾って細編みを編む。

5 20～28段めも編み図の通り模様を編むが、28段めは27段めから続けてB糸で編む。

※左手は1～5と同様にして、指穴位置を変えて編む。

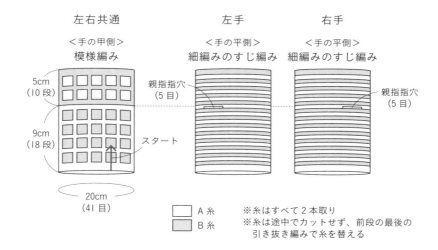

左右共通　　　　　左手　　　右手

＜手の甲側＞　　＜手の平側＞　＜手の平側＞
模様編み　　　細編みのすじ編み　細編みのすじ編み

5cm（10段）
親指指穴（5目）
9cm（18段）
スタート
親指指穴（5目）
20cm（41目）

☐ A糸
☐ B糸

※糸はすべて2本取り
※糸は途中でカットせず、前段の最後の引き抜き編みで糸を替える

右手

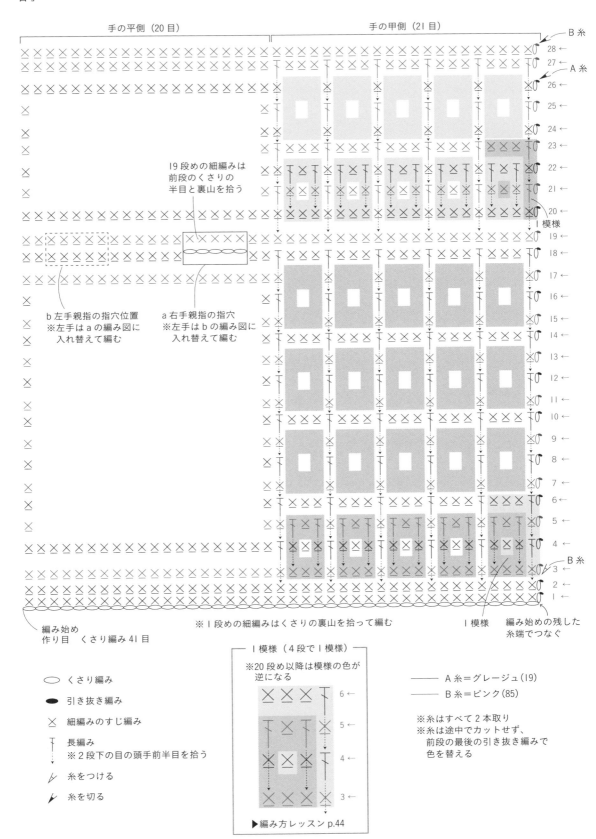

手の平側（20目）　　　　　　　　　　手の甲側（21目）

B糸
A糸

28 ←
27 ←
26 ←
25 ←
24 ←
23 ←
22 ←
21 ←
20 ←
19 ←
18 ←
17 ←
16 ←
15 ←
14 ←
13 ←
12 ←
11 ←
10 ←
9 ←
8 ←
7 ←
6 ←
5 ←
4 ←
3 ←
2 ←
1 ←

1模様

19段めの細編みは
前段のくさりの
半目と裏山を拾う

b 左手親指の指穴位置
※左手はaの編み図に
　入れ替えて編む

a 右手親指の指穴
※左手はbの編み図に
　入れ替えて編む

B糸

1模様

編み始め
作り目　くさり編み41目

※1段めの細編みはくさりの裏山を拾って編む

編み始めの残した
糸端でつなぐ

⬯　くさり編み
⬤　引き抜き編み
╳　細編みのすじ編み
Ŧ　長編み
※2段下の目の頭手前半目を拾う
↙　糸をつける
↘　糸を切る

1模様（4段で1模様）
※20段め以降は模様の色が
　逆になる

6 ←
5 ←
4 ←
3 ←

▶編み方レッスン p.44

──── A糸＝グレージュ(19)
──── B糸＝ピンク(85)

※糸はすべて2本取り
※糸は途中でカットせず、
　前段の最後の引き抜き編みで
　色を替える

Pattern 15 モザイクスクエア模様
ハンドウォーマー（ロング）

糸 パピー ブリティッシュファイン
（25g玉巻）
A糸＝水色（74）…30g
B糸＝イエロー（86）…20g
C糸＝ターコイズ（92）…20g
D糸＝ピンク（85）…3g
E糸＝オレンジ（87）…3g

針 かぎ針6/0号・5/0号、
とじ針

サイズ 10×22cm

編み方

1 〈本体〉6/0号、糸はすべて2本取りで編む。糸端を3～5㎝残しA糸でくさり編み41目の作り目をして、1段めはくさり1目で立ち上がり、くさりの裏山を拾って細編みを41目編み、最後は1目めに引き抜き輪にする。編み始めの糸端は作り目41目めに残した糸で2回すくってつなぐ。

2 2段めはくさり1目で立ち上がり、細編みを41目編んだら、B糸に替えて1目めに引き抜く。

3 3～19段は編み図の通り模様を編む。この時、長編みは2段下の手前半目を拾って編み、各段最後の引き抜き編みで糸を替えてA、B糸を毎段交互に編む。

4 20段めは途中手の平側で右手親指の指穴のくさり編み5目を編み、21段めで指穴部分はくさりの半目と裏山を拾って細編みを編む。

5 22～35段めも編み図の通り模様を編むが、25段め以降はB糸をD糸に替え、33段めは32段めから続けてA糸で、34、35段めはC糸でそれぞれ編む。

6 〈リブ〉作り目1目めにC糸をつけて、5/0号で編む。作り目のくさり全目を拾って、1段めはくさり3目で立ち上がり、長編みを40目編み、立ち上がりのくさり3目に引き抜く。2～6段は長編みの表引き上げ編みと長編みで編み図の通り編む。

※左手は1～6と同様にして、指穴位置と模様・大の位置を変え、D糸をE糸に替えて編む。

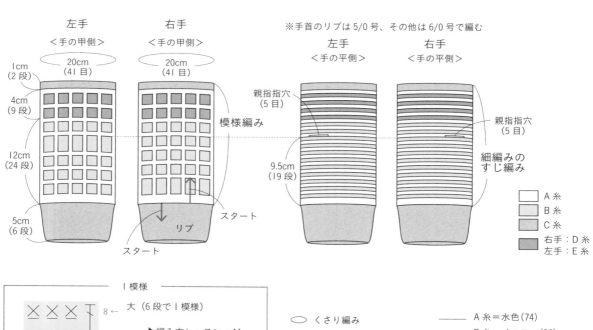

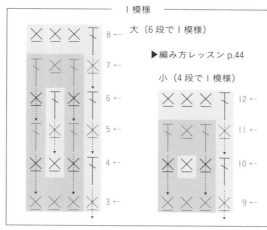

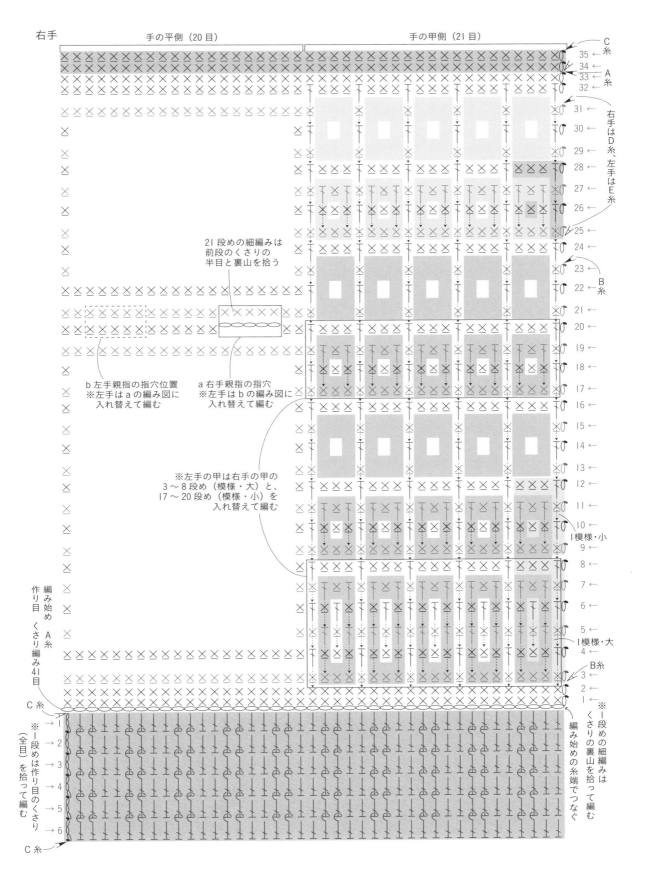

右手　　　手の平側（20目）　　　　　　　手の甲側（21目）

C糸
35　C糸
34
33　A糸
32
31　　右手はD糸、左手はE糸
30 ←
29 ←
28
27 ←
26 ←
25 ←
24 ←
23 ←　B糸
22 ←　B糸
21 ←
20 ←
19 ←
18
17 ←
16 ←
15 ←
14 ←
13 ←
12 ←
11
10 ←
9 ←　I 模様・小
8 ←
7 ←
6 ←
5 ←　I 模様・大
4 ←
3 ←　B糸
2 ←
1 ←

21段めの細編みは
前段のくさりの
半目と裏山を拾う

b 左手親指の指穴位置
※左手は a の編み図に
入れ替えて編む

a 右手親指の指穴
※左手は b の編み図に
入れ替えて編む

※左手の甲は右手の甲の
3〜8段め（模様・大）と、
17〜20段め（模様・小）を
入れ替えて編む

編み始め
作り目　A糸
くさり編み41目

C糸
※1段は作り目のくさり
（全目）を拾って編む

→1
→2
→3
→4
→5
→6

C糸

※1段めの細編みは
くさりの裏山を拾って編む
編み始めの糸端でつなぐ

85

【伸縮する長編みの作り目】

①くさりの作り目を
　4目編む

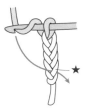

②糸をかけ、1目めの
　外側半目★を拾う

③さらに糸をかけ、
　糸を引き出す

④針のループが3本にな
　る。糸をかけ、端の
　1本から引き出す

⑤次の目の土台▲ができる。
　土台のループを引き出し(1)、
　糸をかけ、2本のループから
　引き出す(2)

⑥糸をかけて、引き
　抜く

⑦土台▲の目に長編み1目
　が編める
　作り目の2目めが完成

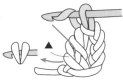

⑧3目めを編む
　糸をかけ、土台▲の
　2本を拾う

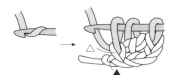

⑨さらに糸をかけ、土台▲から引き出す
　3目めの土台△ができる。土台△に⑤〜⑦と
　同様にして長編みを編む
　これを必要な作り目の目数分繰り返す

【チェーンつなぎ】

①編み終わりの目で
　糸を15cm程でカットして
　とじ針に通し、
　1目めの頭をすくう

②続けて、編み終わりの
　目の向こう半目を
　すくう

③糸を引くと目が
　くさりでつながる
　糸端を編み地の裏側に
　くぐらせ始末する

かぎ針編みの基本と編み方

針と糸の持ち方

（右手）
親指と人差し指で持つ

（左手）
小指と薬指に
はさみ、
人差し指に
糸端をかける

→

親指と中指で
糸を持ち
人差し指を
立てて糸を張る

くさりの目の名称

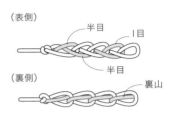

（表側）
半目　Ｉ目
半目

（裏側）
裏山

くさりの作り目

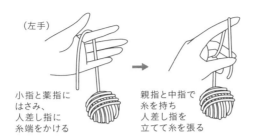

①針に糸をかける

②再び糸をかけて
引き出す
左手で押さえる

③最初の目を作る
※この目は作り目の
数に含めない
糸端を引き
締める

④糸をかける

⑤糸を引き出し
くさりＩ目を編む

必要な目数編む
←Ｉ目め

わの作り目 〔わ〕

①左手の人差し指に
軽く２回巻きつける
糸端

②針に糸をかけて
引き出す
糸端

③糸をかけて
きつめに引き抜く
※この目は数えない

④立ち上がりのくさり
Ｉ目を編む

⑤２本の糸に必要な
目数を編み入れる

❶外側の糸が
引き締まるまで
内側の糸を引く
❷糸端を引く

⑥糸輪を引き締める

⑦Ｉ目めの頭２本に
針を入れて引き抜き
Ｉ段めの完成

くさりを輪にする 〔6目〕

①くさりの作り目を作り
Ｉ目めの半目と裏山に
針を入れ、
糸を引き抜く

②くさりの輪の完成
糸をかけて
引き抜き
立ち上がりの
くさりＩ目を編む

③輪の中に針を入れて
必要な目数を編み入れる
※糸端は編みくるむ

④Ｉ目めの頭２本に
針を入れて引き抜き
Ｉ段めの完成

毎段、編み始めは編み目の高さ分のくさり編みを編みます。（立ち上がりのくさりを編まない場合もあります）
これは立ち上がりといって、編み目の種類によって、くさり編みの目数が変わります。

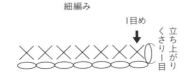

細編み
Ｉ目め
立ち上がり
くさりＩ目

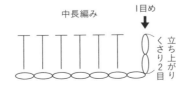

中長編み
Ｉ目め
立ち上がり
くさり２目

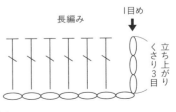

長編み
Ｉ目め
立ち上がり
くさり３目

※細編みの場合、立ち上がりのＩ目は数えません。それ以外は、立ち上がりを編み目のＩ目めと数えます。

基本の編み方

╳ 細編み

①針を入れる

立ち上がりくさり１目
※目数に数えない

②糸をかけて引き出す

③再び糸をかけて引き抜く

①〜③を繰り返す

┰ 中長編み

①糸をかけて針を入れる

立ち上がりくさり２目

②再び糸をかけて引き出す

目の高さがくさり２目分になるように引き出す

③さらに糸をかけて引き抜く

①〜③を繰り返す

┳ 長編み

①糸をかけて針を入れる

立ち上がりくさり３目

②再び糸をかけて引き出す

目の高さがくさり２目分になるように

③さらに糸をかけて引き出す

④もう１度糸をかけて引き抜く

①〜④を繰り返す

┳ 長々編み

2回巻く

立ち上がりくさり４目

針に２回糸を巻き、２ループに
３回引き抜く

⬤ 引き抜き編み

針を入れ、糸をかけて
引き抜く

糸の替え方

表側（編み地の左端）で替える場合

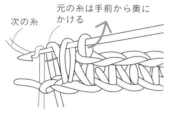

次の糸

元の糸は手前から奥にかける

前段の最後の引き抜きで
次の糸（赤）で引き抜く

裏側（編み地の右端）で替える場合

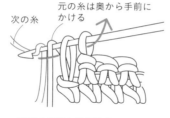

次の糸

元の糸は奥から手前にかける

前段の最後の引き抜きで
次の糸（赤）で引き抜く

輪編み（輪に編む）場合

次の糸

元の糸は手前から奥にかける

糸が替わるひとつ前の目の最後の
引き抜きで、次の糸（赤）を
かけて引き抜く

目を増やす（増し目）

 細編み2目編み入れる

（細編み3目編み入れる）も同じ要領で編む

①細編み1目を編み、同じ目を拾い、細編みを編む

②同じ目に細編み2目を編み入れた状態

編み目によって異なる「未完成の目」に注意

最後の引き抜き編みをする前の状態を指します

未完成の細編み　　未完成の中長編み　　未完成の長編み

 中長編み2目編み入れる

2目以上増やし目する場合も、同じ要領で編む

①中長編みを1目編む　②同じ目に中長編みを1目編む

編み入れる際は「束に編む」場合に注意

根元がついている場合（割って編む）

前段の1目を拾って編む

根元が離れている場合（束に編む）

前段のくさりをそっくり拾って編む

 長編み2目編み入れる　2目以上増し目する場合も、同じ要領で編む

①長編みを1目編み、針に糸をかけて同じ目に針を入れる

②糸を引き出し、長編み1目を編む

目を減らす（減らし目）

 細編み2目一度

2目以上減らし目する場合も、同じ要領で編む

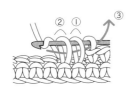

①糸をかけて引き出し（未完成の細編み）、
②次の目からも糸を引き出し（未完成の細編み）、
③一度に引き抜く

 長編み2目一度　2目以上減らし目する場合も、同じ要領で編む

①針に糸をかけ、針を入れて引き出す

②針に糸をかけ、「未完成の長編み」を編む

③針に糸をかけ、①と同様に糸を引き出す

④「未完成の長編み」を1目めと高さを揃えて編む

⑤針に糸をかけ、全部のループに引き抜く

その他の編み方

✕ 細編みのすじ編み

①向こう側半目を拾う

②糸をかけて引き出す

③再び糸をかけて引き抜く

長編みのすじ編み

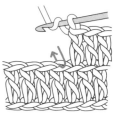

①針に糸をかけ、前段のくさりの向こう側半目だけ拾う

②針に糸をかけて引き出し長編みを編む

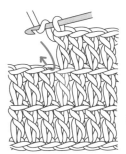

※平編み（往復編み）の場合、毎段、表側にすじが立つように前段のくさりの半目を拾って編む

長編みの裏引き上げ編み

針に糸をかけ、前段の目の足を矢印のように裏側から拾い長編みを編む

細編みの表引き上げ編み

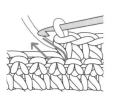

①矢印のように針を入れ、前段の目の足を拾う

②針に糸をかける

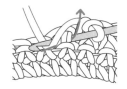

③細編みより長めに糸を引き出す

④細編みを編む

⑤前段の目の頭のくさりが向こう側（裏側）に出る

長編みの表引き上げ編み

①針に糸をかけ、前段の目の足を矢印のように表側から拾う

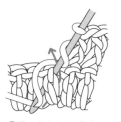

②針に糸をかけ、前段の目や隣りの目がつれないように長めに糸を引き出す

③長編みと同じ要領で編む

長編み 3 目の玉編み

① 「未完成の長編み」を編む（１目め）

② 同じ目に「未完成の長編み」を編む（２目め）

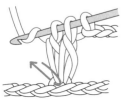

③ 3目めも同様に編む

④ 針に糸をかけ、一度に引き抜く

 中長編み 3 目の変わり玉編み

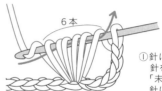

6本

① 針に糸をかけ、前段の目に針を入れ、「未完成の中長編み」3目編む
針に糸をかけ、矢印のように針にかかっているループに引き抜く

② もう一度針に糸をかけ、針に残っている2本のループに引き抜く

③ 中長編み3目の変わり玉編みが編める

◆巻きかがり（全目かがり）

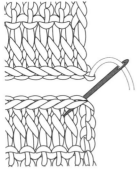

① 編み地の表側を上にしてつき合わせにし、端の目をとじ針で拾う

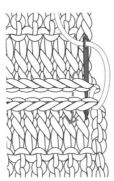

② 内側の全目を交互に拾う

◆巻きかがり（半目かがり）

外側の半目同士を交互にすくう

◆引き抜きはぎ

※「引き抜きとじ」は段と段をつなぐことを言います

① 編み地を中表に合わせ、端の目に針を入れて糸を引き出す（半目同士の場合は半目ずつ拾う）

② 糸をかけて引き抜き編みする

能勢マユミ

ニット作家。 母の影響で物心ついた頃から身近にあった毛糸や道具を持ち出し ほぼ独学で編みものを習得。1997年ニット作家として活動開始。手芸誌・糸メーカーへの作品提案、オリジナル作品編み図販売、出張レッスン"YARN TO GO"／鳴門NOMA yado レッスン"YARN AND SEA"主宰、カルチャースクール講師、 認知症マフ®作り方監修、著書に「毛糸のがま口」(誠文堂新光社)などがある。

【撮影協力】
NOMA yado
〒772-0053
徳島県鳴門市鳴門町土佐泊浦字土佐泊303-22
TEL 0886-60-0857
nomayado.jimdofree.com

好きな模様でかぎ針編み

2024年3月30日　初版第1刷発行

著　者　能勢マユミ
発行者　三輪浩之
発行所　株式会社エクスナレッジ
　　　　〒106-0032　東京都港区六本木7-2-26
　　　　https://www.xknowledge.co.jp/

問合わせ先
【編　集】TEL 03-3403-6796　FAX 03-3403-0582
　　　　　info@xknowledge.co.jp
【販　売】TEL 03-3403-1321　FAX 03-3403-1829

【材料提供】※五十音順

株式会社 itoito
〒465-0092 愛知県名古屋市名東区社台2-64
TEL 090-8187-4965
https://itoitos.shop/

株式会社 ダイドーフォワード パピー事業部
〒101-0021 東京都千代田区外神田3-1-16
TEL 03-3257-7135
http://www.puppyarn.com/

横田株式会社・DARUMA
〒541-0058 大阪府大阪市中央区南久宝寺町2-5-14
TEL 06-6251-2183
http://daruma-ito.co.jp